CULTURA POP & TEOLOGIA

SANDONAITY MONTEIRO AMORIM JÚNIOR

organizador

CULTURA POP & TEOLOGIA

Diálogos

ALTA BOOKS

GRUPO EDITORIAL

Cultura pop & teologia

Contra o Vento é uma empresa do Grupo Editorial Alta Books (STARLIN ALTA EDITORA E CONSULTORIA LTDA).

ISBN: 978-65-83604-63-7

Impresso no Brasil — 1ª Edição, 2025 — Edição revisada conforme o Acordo Ortográfico da Língua Portuguesa de 2009.

Dados Internacionais de Catalogação na Publicação (CIP)

A95c

Amorim Júnior, Sadonaity Monteiro. Cultura pop & teologia: diálogos. / Sandonaity Monteiro Amorim Júnior (organizador). São Paulo: Contra o Vento, 2025.

140 p.; 16 x 23 cm

ISBN 978-65-83604-63-7

1. Religião comparada 2. Cristianismo 3. Literatura geek

CDD 291

Produção Editorial: Grupo Editorial Alta Books
Diretor Editorial: Anderson Vieira
Editor da Obra: Eduardo de Proença
Vendas Governamentais: Cristiane Mutüs
Gerência Comercial: Claudio Lima

Gerência Marketing: Andréa Guatiello
Revisão: Cláudia Montico
Diagramação: Luana Vulcano
Capa: Victoria Cristina Eduardo

ALTA BOOKS
GRUPO EDITORIAL

Rua Viúva Cláudio, 291 — Bairro Industrial do Jacaré
CEP: 20.970-031 — Rio de Janeiro (RJ)
Tels.: (21) 3278-8069 / 3278-8419
www.altabooks.com.br — altabooks@altabooks.com.br
Ouvidoria: ouvidoria@altabooks.com.br

Editora **afiliada à:**

SUMÁRIO

PREFÁCIO

José Alves Paiva Júnior[1]

A cultura pop, qual oceano de imagens e narrativas, ressoa nas almas contemporâneas como um espelho multifacetado das inquietações humanas. Em um universo onde a cultura pop se tornou a língua franca das novas gerações – permeando desde as prateleiras de gibis até os algoritmos de *streaming* –, surge uma inquietação: como a teologia enquanto o estudo sobre Deus ou a narrativa da fé que concebe Deus, dialoga com narrativas aparentemente efêmeras, mas profundamente enraizadas no imaginário coletivo?

Cultura Pop & Teologia: Diálogos assume a tarefa de desenvolver essa reflexão a partir de um mosaico de análises que revelam como quadrinhos, filmes, animações e séries carregam em suas entranhas questões espirituais, éticas e metafísicas. No entrelace sutil entre fé e ficção, sagrado e profano, entre o mito e a mídia, entre teologia e entretenimento, entre tradição e inovação *Cultura Pop & Teologia: Diálogos* se apresenta como articulador de diálogo e construtor de pontes. Nesse sentido, pode-se dizer que esta obra celebra as interseções e travessias que revelam como o imaginário religioso se reconfigura e se amplia no espaço da cultura pop contemporânea.

Assim sendo, este livro é um convite a enxergar na cultura de massa não um oposto ao sagrado, mas um espelho onde se refletem, de modo fragmentado e criativo, os grandes dilemas da condição humana. Por esta razão, convém destacar que a proposta deste livro é dupla: primeiro, deci-

1 Mestre em Teologia pela Universidade Católica de Pernambuco - UNICAP (2018). Possui graduação em Filosofia pela Universidade do Estado do Rio Grande do Norte - UERN (2012). Bacharel em Teologia pela Faculdade Católica do Rio Grande do Norte - FCRN (2016). É professor de Dogmática na Faculdade Católica do Rio Grande do Norte - FCRN. Doutorando de Teologia Dogmática na Pontifícia Universidade Gregoriana - Roma (Início 2021). E-mail: prof.paivajr@gmail.com.

frar como a teologia se infiltra nas narrativas pop; segundo, demonstrar como a cultura pop, por sua vez, desafia e reinventa a própria teologia, uma vez que, nesta obra, a fantasia e a ficção científica se revelam como territórios de transcendência.

Os sete capítulos que compõem este livro formam uma bricolagem de abordagens, unidas pela convicção de que a teologia deve sair do exílio e adentrar as salas de cinema, as prateleiras de HQs e os playlists de *streaming*. Cada ensaio é uma janela para um diálogo específico, e juntos, eles tecem uma rede de significados que revela a complexidade dessa interseção.

Carlos Caldas abre a obra mergulhando no coração das HQs estadunidenses, desvendando como super-heróis como Superman, Capitão América e até o violento Wolverine encarnam arquétipos messiânicos. O capítulo não se limita a comparar esses personagens a figuras bíblicas; ele investiga como o conceito de "messias" foi secularizado e ressignificado em um contexto pós-moderno. Enquanto o messias bíblico é um redentor divinamente escolhido, os heróis da Marvel e DC são frequentemente anti-heróis, marcados por falhas e ambiguidades. Caldas argumenta que essa transformação reflete uma sociedade cética quanto a salvadores perfeitos, mas ainda ávida por figuras que encarnem esperança em meio ao caos. Ao cruzar exegese bíblica com análise de quadrinhos, o autor demonstra como a cultura pop atualiza mitos antigos para falar de trauma coletivo, justiça social e redenção pessoal.

O segundo capítulo "revoluciona" a noção tradicional de catequese, propondo que filmes como Vida de Inseto ou animes como Fullmetal Alchemist podem ser ferramentas pedagógicas poderosas. Os autores partem de uma premissa ousada: se a geração Z e *Alpha* consomem histórias em telas, a Igreja deve falar sua língua. O texto não se contenta em defender o uso de mídias; ele oferece metodologias práticas, como a "leitura teológica de cenas", onde educadores guiam jovens a identificar temas como sacrifício, perdão ou justiça em narrativas aparentemente seculares. Um exemplo brilhante é a análise de O Rei Leão, reinterpretado à luz do ciclo de morte e ressurreição cristã. O capítulo também responde a críticos que veem risco na "mundanização" do sagrado, argumentando que a encarnação – Deus que se fez carne – legitima o diálogo com a cultura.

Augusto Lívio elege a animação Nimona (2023) como estudo de caso para uma reflexão contundente sobre dogmatismo e exclusão. A personagem-título, uma metamorfa que desafia normas de gênero e espécie, é lida como alegoria das minorias marginalizadas por discursos religiosos opressores. O vilão Instituto do Reino, com sua retórica de "pureza" e "ordem", espelha instituições eclesiásticas que historicamente legitimaram perseguições. Lívio não se limita a denunciar; ele propõe que Nimona oferece um modelo de espiritualidade inclusiva, onde o sagrado se manifesta na aceitação do "outro" – encarnado na frase-chave: "Eu vejo você, Nimona, e você não está sozinha". O capítulo é um manifesto pela teologia queer, mostrando como a cultura pop pode ser profética ao confrontar hierarquias eclesiásticas com mensagens de amor radical.

Sandonaity Monteiro entrelaça duas narrativas aparentemente díspares – O Hobbit e a história de José do Egito – para explorar um dos temas mais espinhosos da teologia: a coexistência da providência divina com o livre-arbítrio humano. Por que Bilbo encontra o Um Anel "por acidente"? Por que José é vendido como escravo, apenas para se tornar salvador do Egito? O autor revela como ambas as histórias rejeitam simplificações. Nem o acaso cego (sorte), nem um determinismo rígido (providência), mas uma dança complexa entre escolhas humanas e um "plano maior". A análise brilha ao comparar os sonhos proféticos de José com as visões de Gandalf, sugerindo que a providência, em Tolkien e na Bíblia, age não através de milagres espetaculares, mas na centelha sutil de eventos cotidianos.

Marcelo Carneiro nos transporta ao Japão feudal através do mangá Lobo Solitário, desvendando como crenças budistas e xintoístas moldam a jornada do samurai Ogami Itto. O capítulo vai além da análise superficial de símbolos religiosos; ele explora a ética ambígua do protagonista, que, mesmo sendo assassino por profissão, segue rigorosos rituais de purificação xintoístas. Carneiro mostra como a violência extrema da narrativa não é glorificada, mas contextualizada dentro do conceito budista de karma e da impermanência (mujō). A figura de Daigoro, filho do protagonista, é interpretada como um bodhisattva em miniatura – uma centelha de inocência em um mundo corrompido. O ensaio é uma aula sobre como religiões não ocidentais podem oferecer chaves de leitura ricas para obras pop, desafiando a hegemonia cristã nas análises teológicas.

Eduardo Pacheco Freitas enfrenta um paradoxo: como uma série secular como Star Trek, fundada no humanismo racionalista de Gene Roddenberry, acabou gerando Deep Space Nine, cujo protagonista, Benjamin Sisko, é um "messias negro" em um conflito cósmico? O capítulo desvenda a evolução da franquia, mostrando como Deep Space Nine subverteu o utopismo original ao introduzir temas como trauma pós-colonial (a ocupação cardassiana de Bajor) e espiritualidade alienígena. Sisko, um homem cético forçado a aceitar seu papel como "Emissário dos Profetas", personifica a tensão entre fé e razão. Freitas traça paralelos audaciosos entre a narrativa de Sisko e a cristologia, questionando: pode um messias ser relutante? Como conciliar liderança militar com vocação espiritual? A análise é um marco ao mostrar que até em universos ficcionais "seculares", o sagrado ressurge de formas inesperadas.

Cleber Baleeiro encerra o livro com uma reflexão urgente sobre inteligência artificial, analisando desde Ex Machina até Westworld. Seu argumento central é que o medo de "robôs assassinos" e a fascinação por androides como Data (de Star Trek) revelam ansiedades teológicas profundas: o que acontece quando o humano brinca de ser Deus? Baleeiro recorre a Agostinho de Hipona para discutir ética da criação, e a teólogos contemporâneos como

Catherine Keller para pensar a "alma" das máquinas. O capítulo provoca: se a IA algum dia desenvolver consciência, as religiões estarão preparadas para reconhecê-la como "vida sagrada"? A conclusão é perturbadora: a ficção científica não apenas prevê o futuro tecnológico, mas molda nosso imaginário ético sobre ele.

Aqui, como se vê, os super-heróis são reconfigurados como arquétipos messiânicos, os contos fantásticos ressoam como mitologias e a ficção científica questiona os limites da humanidade e da criação. Da redenção de personagens em quadrinhos às críticas sociais de animações, cada capítulo deste livro revela um fragmento da relação dialética entre cultura pop e espiritualidade, entre entretenimento e busca por sentido.

Vale destacar que esta obra se insere em um movimento acadêmico global. Nos EUA, o Theology and Pop Culture é disciplina estabelecida; no Brasil, pesquisadores como Jung Mo Sung e Edênia Amaral já exploraram a espiritualidade em novelas e funk. Contudo, Cultura Pop e Teologia: Diálogos avança ao tratar a cultura pop não como ilustração de conceitos teológicos prontos, mas como interlocutora capaz de desafiar a própria teologia. Por exemplo: o messianismo falho de Sisko questiona a ideia tradicional de um Cristo impecável; a ambiguidade moral de Ogami Itto desafia noções maniqueístas de bem e mal.

Os autores não ignoram os riscos dessa abordagem. Há o perigo de reduzir o sagrado a entretenimento, ou de forçar paralelos onde não existem. O capítulo sobre educação religiosa, por exemplo, reconhece que nem todo filme é pedagogicamente útil – alguns podem banalizar a fé. Da mesma forma, a análise de Nimona enfrenta a acusação de "anacronismo", já que a animação não foi criada com intenções teológicas. Contudo, como defendem os autores, a teologia sempre trabalhou com interpretação criativa, desde os Padres da Igreja que liam Virgilio à luz de Cristo até Luther King usando O Senhor dos Anéis em sermões.

Cultura Pop & Teologia: Diálogos não é um livro sobre Deus nos quadrinhos ou lições bíblicas em filmes. É uma obra que demonstra como a cultura pop e a teologia podem dialogar. Se a teologia oferece lentes para decifrar símbolos ocultos em narrativas pop, a cultura pop, por sua vez, devolve perguntas desconfortáveis: Como falar de redenção em um mundo de anti-heróis? Como crer na providência em tempos de pandemias e guerras?

Aos leitores, amantes de cultura pop, este livro convida-os a descobrirem nas histórias que amam ecos de tradições milenares. Aos leitores, amantes da Teologia e/ou das Ciências da Religião, esta obra convida-os a enxergarem nas séries e HQs não como rivais, mas aliadas na busca por respostas que transcendem o efêmero. Aos demais leitores, o livro é um convite à contemplação, ao diálogo e ao mergulho nos mistérios que conectam a existência humana e que iluminem tanto as telas quanto os púlpitos.

Às vozes corajosas que compõem esta obra, desde a organização aos capítulos, o devido reconhecimento e reverência por transformarem gibis em pergaminhos e episódios de TV em sermões. Que o trabalho ousado de vocês inspire novas leituras, novas perguntas e novas formas de perceber o sagrado que pulsa no coração da cultura pop e a cultura que reinventa, repropõe e amplia o sagrado no mundo contemporâneo.

1

PERSONAGENS MESSIÂNICOS EM HISTÓRIAS EM QUADRINHOS[1]

Carlos Caldas[2]

O objetivo geral deste livro é apresentar interfaces, aproximações, convergências e pontos em comum entre elementos da cultura *pop* – veiculada por produtos culturais como histórias em quadrinhos – doravante, HQs – filmes, *games*, e conteúdos de natureza religiosa e/ou teológica. O pressuposto operacional básico do livro é que tais elementos religiosos e/ou teológicos podem constituir-se, e, não raro, efetivamente constituem-se, em chaves de leitura para os mencionados produtos. Tais produtos têm sido objeto de análises acadêmicas a partir de perspectivas de saberes como sociologia, análise literária, história e psicologia. Não há dúvida que se tratam de estudos conduzidos com rigor acadêmico e metodológico. Sem embargo das contribuições provenientes destas análises, muito pelo contrário, lançando mão delas, a presente obra pretende explorá-las na ótica dos estudos de religião e da reflexão teológica. Afinal, a abordagem de peças da cultura *pop* pela chave interpretativa das ciências da religião e da teologia tem cada vez mais sua cidadania acadêmica firmada e reconhe-

1 Este capítulo é a adaptação de uma aula dada pelo autor no curso *The Bible and Popular Culture*, da Faculdade de Teologia da Universidade de Auckland, em 17 de abril de 2024, de uma apresentação para o Grupo de Pesquisa Teogeek da Faculdade de Teologia da Universidade Metodista de São Paulo, e de uma comunicação oral apresentada no V Conced – Congresso Nacional de Ciência e Educação, em 18 de setembro de 2024 na Unicatólica do Rio Grande do Norte em Mossoró-RN.

2 Doutor em Ciências da Religião pela Universidade Metodista de São Paulo, com estágios de pós-doutorado na Faculdade Jesuíta de Filosofia e Teologia (Belo Horizonte) e na Universidade de Auckland (Nova Zelândia). Professor no Programa de Pós-graduação em Ciências da Religião da PUC Minas, onde lidera o Grupo de Pesquisa sobre Protestantismo, Religião e Arte.

cida na cena intelectual brasileira[3]. Em outras latitudes, notadamente na academia de expressão inglesa, tais abordagens estão bem estabelecidas[4].

Dentro desta proposta, enquadra-se o presente capítulo que, tal como indicado em seu título, tem como tema a apresentação de alguns personagens de HQs que apresentam características messiânicas. Os estudos de caso serão extraídos da corrente *mainstream* dos quadrinhos estadunidenses, a saber, DC e Marvel. Para tanto, o capítulo seguirá a seguinte estrutura:

1. O conceito de messias na Bíblia Hebraica;
2. Messianismo nas ciências humanas e sociais;
3. O conceito de herói;
4. Arquétipos dos super-heróis nas HQS;
5. Exemplos de personagens messiânicos nas HQS.

A abordagem do capítulo será sugestiva, sem pretensões de ser exaustiva. Tendo apresentado o roteiro a ser seguido pelo capítulo, prosseguiremos, apresentando, por primeiro, a *fons et origo* ("fonte e origem") da ideia de messias, a saber, a Bíblia Hebraica.

O conceito de "messias" *na Bíblia Hebraica*

A palavra *messias* é a forma em português de מָשִׁיחַ - *maschiah*, que significa literalmente "ungido". As línguas europeias todas têm uma versão para este termo hebraico: *messias* (português e alemão), *messiah* (inglês), *mesías* (espanhol), *mesi* (francês), *mesia* (italiano). Na Bíblia Hebraica, algumas pessoas recebiam uma unção com azeite, que simbolizava e representava uma capacitação especial concedida pelo Espírito Santo para a realização de determinadas tarefas. Dentre os *ungidos*, encontramos: o sacerdote (Êx 28,41), o profeta (1 Rs 19,16 – mas há que se observar que nem sempre há referência à unção de profetas), o rei (1 Sm 9,16). No Sl 45,7, encontra-se uma referência à uma unção e a um ungido diferente dos demais: "Amas a justiça e odeias a iniquidade, por isso, Deus, o teu Deus,

3 Inter alia, Caldas (2015), Reblin (2015).

4 Inter alia, Stevenson (2021), Donhue-Martens, Simonson (2024).

te ungiu com o óleo de alegria, como a nenhum dos teus companheiros". A tradição cristã antiga interpretou o Sl 45 como sendo messiânico, isto é, como tendo cumprimento completo (*sensus plenior*) na pessoa de Jesus.

Talvez a definição mais simples e direta de messias na Bíblia Hebraica seja a de salvador: o messias é aquele que pode fazer por nós o que não podemos fazer por nós mesmos. Neste sentido, é útil lembrar os juízes, os *shophetim*. Eles não são chamados de messias na Bíblia, mas seu caráter é de tipo messiânico, pois foram "salvadores" que livraram o povo da opressão que sofreram da parte de potências estrangeiras. Jz 2,16 é paradigmático: "Então o Senhor Deus deu ao povo de Israel líderes fortes, chamados juízes, que os salvavam dos que os atacavam e roubavam" (NTLH). Nesta mesma direção pode ser lido o texto de Is 45,1, que chama o imperador Ciro da Pérsia de ungido de Javé.

No período pós-exílico e, posteriormente, no intertestamentário (ou interbíblico), foi surgindo e se fortalecendo cada vez mais na mentalidade popular a expectativa que Deus iria enviar um Messias especial, diferente dos demais, o Messias definitivo, que livraria seu povo para sempre de seus inimigos[5]. A Bíblia dos 70 traduziu o hebraico *maschiah* por Χριστός – Cristo. E foi como tal que Jesus foi identificado pelos seus seguidores: "Tu és o Cristo" (Mt 16,16 – o famoso texto da confissão de Pedro). Nos textos tardios do Novo Testamento, Jesus será referido como "Jesus Cristo" – literalmente, "Jesus Messias". É o caso de 1 Jo 2,1: "Filhinhos meus, estas coisas vos escrevo para que não pequeis. Se, todavia, alguém pecar, temos Advogado junto ao Pai, Jesus Cristo, o Justo".

Resumindo: o conceito de Messias é fundamental na tradição judaico-cristã. E, como se verá no restante do capítulo, este conceito influenciou a cultura *pop*, pois há personagens que são construídos com características messiânicas.

Ademais, tendo visto o conceito de Messias na Bíblia Hebraica, prosseguir-se-á apresentando o mesmo conceito na perspectiva das ciências sociais.

5 É vasta por demais a bibliografia técnica a respeito do significado de Messias na tradição judaica, e um tratamento exaustivo da questão fugiria dos objetivos do capítulo. Para detalhes, consultar, inter alia, Horsley (1997), Day (1999), Fabry, Scholtissek (2008).

Messianismo nas ciências humanas e sociais

Ainda que não seja o foco propriamente deste capítulo, vale uma palavra, posto que em síntese sobre o tema do messianismo nas ciências humanas e sociais. *Messianismo* tornou-se uma categoria, um termo técnico nas ciências sociais, como a sociologia e a ciência política. A ideia evidentemente é retirada da Bíblia. Em síntese, tem a ver com a crença que alguém, um líder popular que se crê enviado por Deus, uma pessoa dotada de carisma(s) ou características especiais, virá e conduzirá sua sociedade, ou seus seguidores, a uma era de paz e abastança. A obra clássica no Brasil a respeito do tema é *O messianismo no Brasil e no mundo*, da socióloga brasileira Maria Isaura Pereira de Queiroz (orientada de Roger Bastide). Publicada originalmente em 1965, a obra teve sucessivas reedições, e foi traduzida para o francês. Outros sociólogos brasileiros também se debruçaram sobre o tema, nomes de destaque na cena intelectual brasileira das ciências sociais, como Duglas Teixeira Monteiro (1974, 1977) e Renato da Silva Queiroz (1995).

A história brasileira tem muitos exemplos de movimentos messiânicos, ou seja, movimentos político-religiosos nos quais um líder carismático (no sentido weberiano) anunciou a vinda de um tempo de prosperidade. O messianismo político encontrou terreno fértil na mentalidade brasileira por conta da herança cultural lusitana. Um fato da história política de Portugal gerou uma vertente específica de messianismo. Trata-se do sebastianismo: em 1580 o jovem rei Dom Sebastião perdeu a vida na batalha de Alcácer-Quibir, no Marrocos. Ele nunca retornou para o acampamento português, seu corpo nunca foi encontrado, e os "mouros" nunca pediram resgate por ele, vivo ou morto. Este acontecimento misterioso (até hoje não devidamente explicado) fez nascer a lenda que Dom Sebastião teria sido levado para algum lugar sobrenatural, e que de lá voltaria quando seu país mais precisasse dele. A crença sebastianista foi trazida para o Brasil, e aqui deixou raízes profundas no solo da mentalidade popular. Por isso, não passa muito tempo sem que se levante alguém, algum líder político que passa a ser visto pelo povo como um "salvador da pátria", um Dom Sebastião redivivo, que livrará o país de todas as mazelas.

Alguns destes movimentos messiânicos se tornaram famosos na história do Brasil, dentre os quais destacam-se a Revolta dos Muckers (1873-1874) na região de Sapiranga (RS), sob a liderança do casal Jacobina Mentz Maurer e João Jorge (Hans Jörg) Maurer, Canudos (1896-1897), na Bahia, liderado por Antônio Vicente Mendes Maciel, o legendário Antônio Conselheiro[6], o movimento dos Monges do Pinheirinho, na região de Encantado (RS) em 1902 (um movimento semelhante ao dos Muckers), e o movimento do Caldeirão de Santa Cruz do Deserto, na região do Crato (CE), liderado por José Lourenço Gomes da Silva, conhecido como Beato José Lourenço – este movimento contou com o apoio do também legendário Padre Cícero Romão Batista, o Padre Cícero. Em 1937, após a morte do Padre Cícero, o movimento foi massacrado por forças do Exército Brasileiro, a mando do então Presidente Getúlio Vargas.

Esses exemplos todos (a lista não pretende ser exaustiva) são de movimentos que mesclaram elementos religiosos, no caso, uma utopia de fundo milenarista, e políticos, no caso, a esperança da formação de uma sociedade igualitária e justa. Não é de se admirar que todos tenham sido destruídos de maneira violenta pelos poderes estabelecidos. Mas além destes movimentos, houve (e ainda há) também líderes que, ainda que não tenham formado grupos ou comunidades como os apresentados, foram ou são vistos por seguidores como "messias" portadores de uma missão divina para levar o povo a algum tipo de paraíso na terra. Qualquer líder político visto por seus seguidores como um "pai dos pobres" ou algo parecido enquadra-se como sendo de tipo messiânico.

O conceito de Herói[7]

Herói e super-herói – palavras muito conhecidas, mesmo por aqueles que não se identificam como sendo *nerds* e, consequentemente, não consomem a cultura pop. Mas afinal, o que é um herói? O que o define? A palavra portuguesa "herói" vem do latim *heros*, que por sua vez vem da raiz grega ἥρως (hērōs), que significa "protetor" ou "defensor". É curioso

6 A história de Canudos ficou imortalizada pelo relato de Euclides da Cunha em *Os Sertões* (publicado originalmente em 1902) e, mais recentemente, pelo romance *A guerra do fim do mundo* (publicado originalmente em 1981) do escritor peruano Mario Vargas Llosa, ganhador do Nobel de Literatura em 2010.

7 Considerando a amplitude do tema, esta parte do capítulo não entrará em detalhes técnicos e teóricos da teoria literária que distinguem tipos de heróis, como o herói trágico e o anti-herói. Para detalhes, consultar Kothe (1987).

observar que a ideia de herói deitou raízes profundas em praticamente todas as culturas da história humana, desde Gilgamesh, dos sumérios, considerado o primeiro herói da história (pelo menos, o primeiro do qual se tem notícia), até os nossos dias, literalmente dando a volta ao redor do planeta[8]. Alguns heróis nacionais de povos da antiguidade se tornaram muito conhecidos, como Hércules (ou Héracles), dos gregos, ou Bewoulf, dos escandinavos. Outros, embora tendo também realizado façanhas impressionantes, não são tão conhecidos como estes, como Cu Chulainn, dos celtas.

Independentemente de, muito conhecidos, como os heróis gregos - além de Hércules, muitos outros poderiam ser lembrados, como Ulisses (ou Odisseu), Perseu, Teseu, Aquiles... a lista é longa - ou não tão conhecidos assim, como o celta Cu Chulainn, fato é que a ideia de herói está presente no imaginário da humanidade praticamente desde sempre. E o que caracteriza o herói? Talvez a definição básica seja a que aponta para o fato de que o herói é alguém que, tendo habilidades especiais, as utiliza não em benefício próprio, mas em favor do próximo. Dentre as características de caráter e comportamento que definem o herói podem ser citadas (sem pretensão de apresentar uma lista exaustiva):

- Coragem;
- Força interior (resiliência);
- Luta pela justiça;
- Luta para proteger quem não pode se proteger;
- Considerar a vida dos outros (mesmo de pessoas que o herói ou heroína não conhece) como mais importantes que a sua própria;
- Obediência à lei estabelecida;

Resumindo em apenas uma palavra: altruísmo. O herói é quem vive de maneira altruísta, e não egoísta.

8 *A Epopeia de Gilgamesh*, escrita na língua acádia no segundo milênio antes de Cristo. Há uma edição em português, traduzida do acádio, pelo Prof. Jacyntho Brandão, da UFMG.

Arquétipos dos super-heróis nas HQ

Como os heróis são (ou podem ser) classificados? Nesta seção do capítulo, será apresentada uma tipologia dos arquétipos dos super-heróis, seguindo uma ideia original de Knowles (2008). Em seu livro, Knowles propõe uma tipologia de modelos de heróis e super-heróis, e defende a tese que em todos eles há uma origem de natureza mitológica ou religiosa. Ele exagera em alguns pontos de sua argumentação, "forçando a barra" para demonstrar o que entende ser o acerto de sua tese. Não obstante, sua tipologia dos arquétipos dos super-heróis é bem feita e rica em seu potencial didático.

O mago: o arquétipo do mago é um dos mais populares nas HQ, e na cultura pop em particular. Seus poderes são advindos da magia. Conforme Knowles, "arquétipos de magos são tão antigos quanto a própria ficção. Thoth, deus lunar egípcio e patrono da magia e da ciência, foi provavelmente o primeiro arquétipo de mago" (2008, p. 132). Knowles cita como exemplos que se encaixam neste arquétipo o famoso Mago Merlin, que pertence ao ciclo das lendas arturianas, e, mais recentemente, Harry Potter (este sem dúvida é o mago mais famoso da cultura pop contemporânea). Nas HQs, podem ser lembrados Mandrake, o Mágico (de Lee Falk), o Doutor Estranho e Wanda Maximoff, a Feiticeira Escarlate (ambos da Marvel) e Zatara e Zatanna (respectivamente, pai e filha, da DC). Ainda conforme Knowles, John Constantine, o exorcista da DC, personagem criado por Alan Moore em 1985, também se encaixa no arquétipo do mago (2008, p. 203).

A amazona: a amazona é o contraponto feminino do herói masculino. Knowles (2008, p. 179-180) lembra que a palavra "amazona" tem origem na mitologia grega: as amazonas eram guerreiras extraordinárias. Sabe-se que, na mitologia grega, havia deusas guerreiras, como Artémis (a Diana dos romanos) e Nike (ou Nice)[9]. Outras mitologias antigas conheciam também deusas valentes, como a egípcia Sekhmet e a babilônia Ishtar. Nas HQs, quando se fala no arquétipo da amazona, há que se lembrar, entre tantas outras, da Mulher Maravilha e da Mulher Gavião (da DC), de Ororo Monroe (a Tempestade dos X-Men) e de Natasha Romanov (a Viúva Negra), da Marvel.

9 Não é mera coincidência que nike é a palavra grega para "vitória".

A fraternidade: o arquétipo da fraternidade, ou da equipe, é um dos mais interessantes de todos, porque aponta para um grupo, e não para um herói tipo "cavaleiro solitário", que atua solo. Conforme Knowles, "o arquétipo da fraternidade, representado pela equipe de super-heróis, começou como uma jogada comercial, mas depois dominou o mercado" (2008, p. 189). De fato, as equipes de heróis têm um apelo muito forte no imaginário popular. Knowles (2008, p. 190) informa que a DC foi a pioneira no lançamento de fraternidades de heróis, com a Sociedade de Justiça da América (*Justice Society of America* no original) em 1940, um grupo que reunia, entre outros, Sandman[10], Gavião Negro e Alan Scott, o primeiro Lanterna Verde. Os membros da SJA se reuniam ao redor de uma mesa redonda, o que faz lembrar a famosa Távola Redonda, ao redor da qual o Rei Artur e seus cavaleiros se reuniam (neste caso, a semelhança certamente não é coincidência). Na década de 1960, a mesma DC lança a Liga da Justiça da América (Justice League of America no original), incluindo nomes mais conhecidos, como Superman, Batman, Mulher Maravilha, Flash e Aquaman. Outra fraternidade "estranha", por assim dizer, da DC, é a Liga da Justiça Sombria, que atua em casos "paranormais", nos quais a Liga da Justiça "convencional" não é capaz de agir (vale lembrar a conhecida vulnerabilidade do Superman à magia). Apenas em 1963 a Marvel lança sua equipe de super heróis: os Vingadores, criados por Stan Lee e Jack Kirby[11]. A Marvel lançaria outras equipes memoráveis de heróis, como o Quarteto Fantástico (o primeiro grupo de heróis que na verdade é uma família), os X-Men, os Defensores e os Illuminati.

O Golem: o arquétipo do Golem é também interessante por demais. *Golem* – גּוֹלֶם – é uma palavra hebraica que designa uma criatura antropomórfica do folclore judaico medieval[12]. Conforme Knowles, identificam-se com o arquétipo do Golem personagens que, ou utilizam um exoesqueleto, isto é, uma estrutura externa ao seu corpo que lhes permite fazer o que, sem a mencionada estrutura, jamais seriam capazes, ou então, aqueles que agem por pura raiva – isto porque na lenda judaica, o Golem é uma criatura poderosa, mas incapaz de pensar. Nas palavras de Knowles,

10 Este Sandman não deve ser confundido com o outro do mesmo nome, que na verdade é Morpheus, o Sonho, dos Perpétuos, criados por Neil Gaiman.

11 Para uma biografia de Jack Kirby, consultar Guedes (2017).

12 Para detalhes sobre a lenda do Golem de Praga, consultar, inter alia, Wiesel (1986).

> O mito do Golem data dos guetos da Europa Oriental, onde os judeus se viam periodicamente hostilizados por gentios hostis. Segundo a lenda, rabinos confeccionaram o Golem com argila e o animaram usando a magia da Cabala. Os Gólens (sic) protegiam os judeus e puniam seus inimigos (2008, p. 163).

Knowles cita Wolverine e o Justiceiro como exemplos de personagens-Golem (2008, p. 165), mas tal classificação soa forçada. O Homem de Ferro, da Marvel, e Aço, da DC, são exemplos perfeitos de Golem. Knowles apresenta, também, o Batman como enquadrando-se neste arquétipo tão curioso. Se levar em conta que o Batman necessita de seu traje e de suas inúmeras traquitanas tecnológicas para atuar, Knowles está correto em nomeá-lo como um tipo do Golem (2008, p. 165-168)[13].

O messias: por último, mas não menos importante, o arquétipo que mais interessa aos propósitos do capítulo, a saber, o arquétipo do messias. Este arquétipo representa e apresenta o ideal de herói, com todas as suas virtudes e qualidades de caráter nobre. É certamente o mais popular de todos os arquétipos de heróis. Não por mera coincidência, é a primeira ideia que vem à mente quando se pensa no que significa ser herói: uma pessoa altruísta, que usa capacidades e habilidades físicas, mentais, ou quaisquer outras, não em benefício próprio, mas em benefício daqueles que não são capazes de se ajudarem, e o fazem, se necessário, mesmo ao custo da própria vida. É claro que a inspiração para este arquétipo vem da tradição judaico-cristã, especificamente, do sacrifício de Jesus na cruz a favor dos que nele creem. Knowles afirma: "A própria expressão (i.é, messias), que significa simplesmente 'ungido', esteve relacionada com diversos personagens do Antigo Testamento... Mas pronuncie a palavra 'Messias' e a primeira coisa que aparece na mente das pessoas é 'Jesus Cristo'" (2008, p. 139). Ainda conforme Knowles, "o Messias dos quadrinhos é um nobre herói que se sacrifica em nome do altruísmo para salvar os outros" (2008, p 139).

Considerando que na primeira parte deste capítulo já foram apresentadas algumas considerações sobre a compreensão da ideia de messias,

13 O Doutor Destino, da Marvel, que é uma espécie de síntese (ou mescla) do arquétipo do Golem com o já mencionado arquétipo do mago.

particularmente da perspectiva teológica, passar-se-á de imediato à apresentação de exemplos de personagens messiânicos nas HQs.

Exemplos de personagens Messiânicos nas HQ

É difícil apontar qual dos arquétipos da tipologia de herói proposta por Knowles é o mais comum. Mas não é exagero afirmar que a ideia que este arquétipo traz é a mais facilmente entendida e associada ao conceito herói. Na sequência, serão apresentados dois exemplos de personagens messiânicos, um da DC e um da Marvel. Antes de prosseguir, não é demais lembrar o pressuposto teórico com o qual o presente artigo trabalha: encaixa-se no arquétipo messiânico de herói aquele que se sacrifica para salvar a vida de outras pessoas. Neste sentido, observe-se que Knowles, que não é cristão, critica a ideia altruísta do herói messiânico. Para ele, o autossacrifício em prol de outrem é coisa de "pessoas desiludidas, ou, no mínimo, muito desorientadas" (2008, p. 140). A crítica amarga e ácida de Knowles não consegue ver que sacrifícios altruístas fazem todo sentido do mundo para quem por eles é beneficiado. Ademais, a ideia de receber ajuda ou salvação externa, diante de uma situação na qual somos completamente impotentes, é uma das que têm apelo mais forte para o coração e a mente humanos. Não é sem razão que o arquétipo messiânico do herói seja tão forte e tenha um apelo praticamente impossível de se ignorar e resistir.

Após esta breve consideração inicial, serão apresentados exemplos de super heróis de HQS que se enquadram no arquétipo messiânico do herói.

Capitão Marvel (Shazam)

O primeiro exemplo de super herói messiânico a ser apresentado é o Capitão Marvel, atualmente conhecido como Shazam. Nas palavras de Knowles,

> Capitão Marvel é o ícone supremo da realização dos desejos. Um jovem órfão, Billy Batson encontra por acaso um grande mago numa câmara subterrânea. O mago lhe ensina um encantamento

> mágico que dá ao garoto os poderes de um deus[14]. O Capitão Marvel não se macula com os defeitos e fraquezas dos heróis comuns [...] tampouco se vê arqueado com a bagagem psicológica de figuras como Batman e Homem Aranha (2008, p. 31).

Talvez seja esta a característica que faz do Shazam um super herói tão interessante: ele tem poderes sobrenaturais de deuses, mas conservou o coração de uma criança. Por fora, um adulto invulnerável, com o "combo" clássico dos super heróis, ou seja, força e velocidade infinitamente maiores que qualquer pessoa, sem embargo da menção à sua sabedoria literalmente "salomônica". Mas por dentro, o coração singelo de uma criança. É em *Reino do amanhã* (*Kingdom Come*, no original inglês), de Mark Waid (roteiro) e Alex Ross (arte), publicado em 1996, a história que apresenta o Shazam no auge de seus poderes[15]. Para citar Knowles mais uma vez, "Ross e Waid mostram claramente o Capitão – uma entidade incorpórea encarnada por meio de magia oculta – como o novo Cristo. Embora o Super Homem seja o astro da revista, Marvel é o pivô da série, e sua morte é a salvação da humanidade (2008, p. 30). Knowles tem razão em sua afirmação: ainda que a narrativa de Reino do amanhã seja centrada no Superman, quem verdadeiramente "salva a lavoura" é o Shazam, e o faz com sacrifício de sua própria vida. É curioso observar que são seis as letras que formam o nome Shazam, e mesmo tendo ele os poderes que tem, ainda é um humano. Na Bíblia, 6 é o número simbólico do humano (cf. Ap 13.18). Coincidência? Talvez, mas muito curiosa.

Na história, Marvel está sob o domínio hipnótico do Doutor Silvana e de Lex Luthor, que o coloca para ser seu guarda-costas. Surgiu uma nova geração de super heróis que não tem a honra e a dignidade dos antigos. O Superman se exilou, deixando o mundo entregue a si mesmo depois que o Magog, um herói criado por Waid especificamente para este arco, fulminou o Coringa depois que este explodiu o prédio do *Planeta Diário*.

14 Na verdade, o menino Billy recebe os poderes de deuses: SHAZAM, o nome do mago que lhe concedeu estes poderes, é o anagrama de S – Salomão, sabedoria, H – Hércules, força, A – Atlas, coragem, Z – Zeus poder (sobre os raios e a eletricidade), Aquiles – resistência e M – Mercúrio, velocidade. Com estes poderes Billy Batson se transforma no mortal mais poderoso do mundo.

15 Para um estudo do arco Reino do amanhã em perspectiva teológica consultar Caldas, Barbosa, 2022, p. 55-74.

Magog foi levado a julgamento, mas absolvido. Não concordando com a decisão, o Superman se retira. Com as confusões criadas pelos novos super heróis, que não têm responsabilidade para usar seus poderes, o Superman volta à ativa, e após uma sequência de situações, o governo dos EUA dispara três mísseis atômicos contra o gulag onde super vilões e super heróis irresponsáveis estão presos. Só que se as bombas explodirem, milhões de inocentes também morrerão. O Batman e a Mulher Maravilha conseguem desativar dois dos mísseis, mas resta ainda um. O Superman não pode fazer nada porque o Capitão Marvel o está detendo. Mas o Superman consegue por um segundo que Billy Batson o ouça, e em um momento de uma carga dramática intensa, lhe diz: "Billy, eu não sou nem um homem nem um deus, mas você é os dois. Escolha". E finalmente Marvel, em um ato de extrema força interior, se liberta do controle mental que lhe fora imposto por Silvana e Luthor, e escolhe se sacrificar para salvar milhões de pessoas.

Surfista Prateado

O Surfista Prateado foi criado por Jack Kirby, em 1966. É um dos super seres do núcleo cósmico da Marvel. Norin Radd é do planeta Zenn La, um mundo de tecnologia muito avançada. Um dia o planeta recebe a ameaça de Galactus, um ser tão antigo quanto o próprio universo, que ameaça destruí-lo, pois ele se alimenta da energia dos planetas, habitados ou não. Norin Radd faz um trato com Galactus: ele se tornaria seu batedor, em troca da preservação de seu mundo. Galactus aceita o trato, e Norin Radd se torna o Surfista Prateado. Ele é revestido de uma camada de cor prateada que o torna invulnerável ao calor de muitos sois e ao frio do vazio do cosmos, e singra o espaço a velocidades inimagináveis com sua prancha de surf – daí seu nome. O Surfista só escolhe planetas desabitados para que Galactus lhes devore a energia, mas um dia ele ameaça destruir a Terra. O Surfista então se volta contra seu mestre. Com a ajuda do Quarteto Fantástico e a interferência de Uatu, um dos Vigias (seres também tão antigos quanto o cosmos, que observam tudo, mas não podem interferir em nada), eles chegam a um impasse, que é uma espécie de empate: Uatu mostra ao Tocha Humana onde está a única arma capaz de destruir o devorador de mundos. Galactus então promete que se a arma lhe for entregue, não destruirá a Terra. O trato é aceito, e orientados por Uatu que a palavra de

Galactus não volta atrás, Reed Richards lhe entrega a arma. Mas Galactus pune o Surfista por tê-lo desafiado, e o mantém preso ao nosso planeta. Por duas vezes, então, o Surfista se sacrificou para salvar milhões de vidas: a primeira, para salvar Zenn La, e a segunda, para salvar a Terra.

Considerações finais

O arquétipo messiânico é, sem dúvida, o mais poderoso de todos os arquétipos de super heróis, pois toca o nervo mais sensível da nossa natureza humana, que permanece no mais profundo do íntimo de cada um de nós: a necessidade que alguém faça por nós o que sabemos que não podemos fazer por nós mesmos.

Ademais, a popularidade dos personagens messiânicos na cultura pop confirma a tese do crítico literário canadense Northrop Frye (1912-1991) em seu clássico *Código dos códigos*: a Bíblia é o código por excelência, o código dos códigos da arte e da literatura ocidentais. Em outras palavras: se a Bíblia jamais tivesse sido escrita, teríamos apenas uma fração de toda a arte e a literatura que o Ocidente conheceu.

Referências

BÍBLIA SAGRADA

Nova tradução na linguagem de hoje. Barueri: Sociedade Bíblica do Brasil, 1988.

Tradução de João Ferreira de Almeida. Edição Revista e Atualizada no Brasil, 2ª edição. Barueri: Sociedade Bíblica do Brasil, 1993.

CALDAS, C. (ORG.)

Teologia nerd. São Paulo: Garimpo, 2015.

CALDAS, C & BARBOSA, V. L.

Recepção do apocalipse na cultura pop: reino do amanhã, de Mark Waid e Alex Ross como estudo de caso. *Estudos Teológicos*, v. 62, p. 55-74, 2022.

DAY, J. (ORG.)

Rei e Messias em Israel e no antigo Oriente Próximo. São Paulo: Paulus, 1999.

DONOHUE-MARTENS, S. & SIMONSON, B. (EDS.).
Theology, Religion and Dystopia. Minneapolis: Fortress Press, 2024.

ELE QUE O ABISMO VIU.
Epopeia de Gilgamesh. Traduzido por Jacyntho Lins Brandão. Belo Horizonte: Autêntica, 2017.

FABRY, H.-J. & SCHOLTISSEK, K.
O Messias. São Paulo: Loyola, 2008.

FRYE, N.
O grande código. A Bíblia e a literatura. Campinas: Sétimo Selo, 2021.

GUEDES, R.
JACK *Kirby: o criador de deuses*. São Paulo: Noir, 2017.

HORSLEY, R.
Bandidos, profetas e messias. Movimentos populares no tempo de Jesus. São Paulo: Paulus, 1997.

KNOWLES, C.
Nossos deuses são super-heróis. São Paulo: Cultrix, 2008

KOTHE, F. R.
O herói. Série Princípios. 2ª edição. São Paulo: Ática, 1987.

MONTEIRO, D. T.
Os errantes do novo século. Um estudo sobre o surto milenarista do Contestado. São Paulo: Duas Cidades, 1974.
Um confronto entre Juazeiro, Canudos e Contestado. In Boris Fausto (ed.). História Geral da Civilização Brasileira. Vol. 3. São Paulo: Difel, 1977.

QUEIROZ, M. I. P.
O messianismo no Brasil e no mundo. São Paulo: Edusp, 1965.

QUEIROZ, R. S.
A caminho do paraíso: o surto messiânico-milenarista do Catulé. São Paulo: FFLCH-USP/CER, 1995. (Coleção Religião e Sociedade Brasileira)

REBLIN, I. A.
O alienígena e o menino. Jundiaí: Paco, 2015.

STEVENSON, G. (ED.)
Theology and the Marvel Universe. Minneapolis: Fortress Press, 2021.

WIESEL, E.
O Golem. A história de uma lenda. Rio de Janeiro: Imago, 1986.

2

USO DE DESENHOS ANIMADOS, ANIMES E FILMES NA EDUCAÇÃO RELIGIOSA DE CRIANÇAS E JOVENS

Isaack Hilário Monte Silva[1]

Maria Aurineide da Costa[2]

Sandonaity Monteiro Amorim Júnior[3]

Este texto busca refletir sobre a utilização de desenhos animados, filmes e animes inseridos na formação da iniciação à vida cristã, direcionado para crianças e jovens. Com o objetivo de apresentar tais expressões artísticas como uma ferramenta pedagógica de grande valia para o processo da formação humano-espiritual dos jovens cristãos. Para tanto, será demonstrado como relacionar as animações e os filmes no processo de educação da fé.

Um dos pontos importantes desses tipos de produções artísticas para a educação religiosa se encontra nas possibilidades pedagógicas que elas carregam consigo, pois, muitas vezes, possibilita com que haja um diálogo muito mais fecundo entre as crianças, os jovens e as pessoas que se dedicam a transmitir os conteúdos da fé cristã, já que os animes, filmes e desenhos animados fazem parte do dia a dia dos jovens e das crianças. Abrindo,

1 Possui graduação em Filosofia pela Faculdade Católica de Fortaleza (2021) e é graduando em Teologia pela UniCatólica do Rio Grande do Norte. E-mail: isaackmontes@gmail.com.

2 Graduanda em Teologia pela UniCatólica do Rio Grande do Norte. E-mail: costam.leda@gmail.com.

3 Possui graduação em Filosofia pela Faculdade Católica de Fortaleza (2021). É graduando em Teologia e Psicologia pela UniCatólica do Rio Grande do Norte. É Pós-Graduando em Neuropsicologia pela UniCatólica do RN. E-mail: sandonaity@gmail.com.

assim, um caminho em que a iniciação à vida cristã não se apresenta mais apenas em sua antiga estrutura constituída de formações doutrinárias, mas indo além, e tentando se fazer presente dentro das próprias vivências cotidianas desses jovens cristãos.

Deve-se deixar claro, desde o início, que a utilização da arte no meio religioso é algo que muitas religiões já utilizam desde tempo imemoriáveis. Muitas vezes, é a arte quem possibilita o homem religioso se conectar com seus Deus (es) (Magalhães Francisco *et al.*, 2018).

O texto é metodologicamente dividido em duas partes. Na primeira, é trabalhada a compreensão do que são animes, desenhos animados e filmes, e de que modo estes podem ser utilizados como ferramenta formativa dentro da educação cristã. Já a segunda parte pretende, primeiro, demonstrar a evolução da compreensão do objetivo da catequese após o Concílio Vaticano II (1964), evolução essa que trouxe novas perspectivas, novos modos de ver a relação entre a iniciação à vida cristã (IVC) e os catecúmenos. Por fim, o texto termina apresentando os filmes e as animações como uma ferramenta segura que pode ser usada para trabalhar temas socioculturais, políticos e teológicos.

Animes, desenhos animados e filmes

Entender a distinção entre animes e desenhos animados é fundamental para ajudar a desenvolver qualquer reflexão crítica acerca das obras de animação. A distinção principal, e mais evidente, é que os animes são oriundos da cultura oriental enquanto os desenhos animados são produtos da cultura ocidental. Outro ponto que merece destaque é o fato de que os heróis apresentados nos animes são "desenhados a partir do mundo real. Neste aspecto incide a diferença fundamental em relação aos personagens ocidentais – são pessoas comuns na aparência e de conduta modesta" (Faria, 2008, p. 154).

É comum ver os heróis sendo retratados nos animes mais como anti-heróis, ou seja, são heróis que, por vezes, têm dúvidas, sofrem e erram. Diferentemente dos super-heróis das animações ocidentais, que quase nunca têm sua conduta ética questionada, nos desenhos animados, a distinção entre o bem e o mal é bem acentuada, é possível perceber claramente

Spider nos braços de Jesus
Crédito: Walker Gomes de Sousa, 2017.
Fonte: https://www.deviantart.com/

quem é o "mocinho" e quem é o inimigo. Já nas animações orientais, a cultura do *yin-yang* é muito forte, o conflito entre o bem e o mal ocorre dentro do próprio herói.

Por conter essa característica, os animes conseguem, com mais facilidade do que os desenhos animados, trabalhar profundos temas filosóficos e existenciais. É importante, ainda, ressaltar um traço visual característico dessas animações: os olhos grandes, que têm relação direta com essa dimensão reflexiva dos animes, pois colocar olhos grandes nos personagens facilita a transmissão de "emoções sinceras e psicologicamente profundas" (Faria, 2008, p. 151).

Um dos animes mais conhecidos e que traz esse substancial traço oriental do herói que possui conflitos internos é Naruto, do autor Kishimoto. Sobre este anime, Vieira (2016, p. 847) relata o seguinte:

> Naruto é uma obra recheada por conflitos emocionais e pela discriminação sofrida pelo protagonista e por diversos outros

> personagens que compõem a trama. O autor leva os leitores/espectadores a aproximarem-se desses sofrimentos do jovem ninja e, em muitos casos, a enfrentar seus próprios conflitos diante do que a história narra.

Em contrapartida, os desenhos animados também trabalham significativos temas, pois, por serem influenciados diretamente pela cultura ocidental, eles trazem consigo alguns traços característicos da cultura greco-romana e da cultura judaico-cristã, já que estas são a base do pensamento ocidental. Um exemplo muito claro dessa interação aparece na história do Superman de Mark Waid e Alex Ross: Reino do Amanhã (Gomes; Barbosa, 2019). Tal história apresenta o personagem principal, em alguns momentos, vivenciando e tomando atitudes semelhantes ao messias da fé cristã: Jesus Cristo.

Apesar das distinções, os animes e os desenhos animados podem se apresentar como expressões de uma única categoria: animação. Definir essa categoria e dizer quando ela surgiu na história da humanidade demandaria muito esforço. Mas Bendazzi (2020, p. 46) apresenta uma definição bastante interessante: "Isso é o que queremos dizer intimamente com animação: não tanto a atribuição de movimento, mas a atribuição de uma alma (ou uma personalidade) nos objetos, forma ou formatos (até abstrato) que de outra forma não teriam vida". Essa definição de Bendazzi faz referência ao termo latino *animatio*, que significa ser animado e que deriva da palavra anima, que pode ser traduzido como alma ou espirito.

Além dos animes e dos desenhos animados, há também os filmes. Estes possuem um enredo muito mais curto, isto é, suas histórias são contadas em um curto espaço de tempo. Todavia, os filmes não deixam de serem importantes veículos de informação e podem apresentar um enredo recheado de mensagens reflexivas e simbólicas (Denzinger, 2007). Duas grandes obras literárias e cinematográficas desenvolvida no ocidente, mas que também marcaram muito o oriente (Faria, 2008, p. 154-155), são: O Senhor dos Anéis e O Hobbit. Em O Hobbit, por exemplo, a história narra não só uma aventura, mas também uma trama de amadurecimento pessoal dos personagens; o protagonista, Bilbo, é o personagem no qual este amadurecimento se dá de forma mais acentuada. Ao longo do enredo, Bilbo não só transforma suas "fraquezas" em qualidade, como também vai se autoconhecendo, isto é, vai gerindo um conflito interno sobre sua própria identidade (Olsen, 2012).

Sendo assim, são muitas as colaborações que as animações e os filmes podem trazer para ajudar os educadores na formação das crianças. A utilização dessa ferramenta no processo formativo contribui para que esses pequeninos percebam que aquilo que eles assistem com tanto entusiasmo pode ser reflexo do mundo que está ao seu redor. Ademais, os filmes e animações conseguem trabalhar com mais leveza aquilo que muitas vezes os adultos só conseguem expressar com um linguajar rígido e de difícil assimilação pelas crianças. Neste sentido, a iniciação à vida cristã, por possuir essa dimensão educativa, pode se utilizar dos animes, filmes e desenhos animados. Ao fazer isso, o processo catequético traz a vida cotidiana das crianças e adolescentes para junto de si e cria um laço formativo mais intenso.

Animações e filmes como ferramenta de ajuda formativa na educação religiosa

Desde a mais tenra idade, as crianças são postas de frente a uma tela de televisão ou de celular, segundo Abreu (2019, p. 108) há estudos recentes que "constataram que de 64 a 100% de todos os bebês e crianças que estão começando a andar assistem à televisão antes dos dois anos de idade." Isto se dá pelo fato de que as crianças, enquanto estão sendo ludibriadas pelo brilho e pelo movimento das telas, deixam seus educadores realizarem outras tarefas. Sobre essa ligação entre as crianças e as animações se faz interessante observar a fala de Santos (2023, p. 8) quando esta afirma que, assim como quase todas as crianças, ela também passava boa parte de suas horas livres assistindo tais produções: "Sempre tive muita afeição pelo mundo das animações [...], e desde criança gostava muito de passar várias horas dos meus dias assistindo-as com meu irmão. Costumávamos conversar e brincar bastante sobre as histórias que eram contadas por elas".

Desde o surgimento da televisão, observou-se que as animações conseguiam se conectar e atrair facilmente as crianças, por isso sempre houve, nas programações destinadas a esses pequeninos, animações. Além disso, elas sempre foram uma forma mais barata de preencher as grades de programação infantil. Outro ponto que merece destaque, aqui, é o fato de que o mundo das animações sempre levou as crianças a conduzirem os adultos a gastarem dinheiro com produtos relacionados a tais produções, ou seja, a relação entre crianças e animações é uma relação extremamente lucrativa. Talvez por esses e outros inúmeros motivos, essas produções tenham se popularizado tanto.

Esse contato com as mídias não tende a diminuir quando as crianças vão ficando mais velhas, na verdade, os desenhos animados, os animes e os diversos filmes que essas crianças assistem, com o passar do tempo, vão se tornando parte da cultura delas, ou seja, vão se tornando parte fundamental na construção de seu mundo simbólico (Denzinger, 2007, p. 147-148). Acerca disso, vale trazer, aqui, a fala de Magalhães Francisco *et al.* (2018). Este afirma o seguinte:

> A cultura é uma grande teia de sentidos. Não existe qualquer possibilidade de que os seres humanos possam se esquivar dessa construção. Em todo tempo, através de sua ação no mundo, estão montando e desmontando sentidos. Na atualidade, tempo que se convulsionou chamar pós-modernidade, a exploração de instrumentos de comunicação em massa trouxe significativa alteração na maneira como estes sentidos são então projetados pela e na cultura. As mídias de tela: cinema, internet e TV multiplicam narrativas de gênero variados, mas sempre deixando entrever um pouco do submundo a alimentar o fenômeno cultural.

Desse modo, é possível perceber que é através da interação com as animações e os filmes, na contemporaneidade, que as crianças constroem "sua personalidade, seus valores, [...] seu repertório lúdico e seu caráter de Homo ludens" (Barbosa; Gomes, 2013, p. 327). Em outras palavras, enquanto produções da cultura popular, essas obras influenciam as crianças e os jovens em questões fundamentais, como o sentido da vida, pois essas animações fazem parte do *ethos* de vida dessas pessoas e isto, segundo Magalhães Francisco *et al.* (2018, p. 157), "é como um eixo referencial, que se torna orientador de seu pensar e de seu agir". Em outras palavras, aquilo que as crianças assistem impacta diretamente em seu repertório imaginário e, consequentemente, irá influenciar no modo como elas se expressam. Sendo assim, não há como falar nas crianças e não trazer para o debate o papel formativo desses filmes e animações.

Deadpool lendo a bíblia
Crédito: Walker Gomes de Sousa, 2017.
Fonte: https://www.deviantart.com

Fica implícito, assim, que a influência da cultura popular no mundo religioso e espiritual também é muito grande, "o maior exemplo disso é Monja Coen, mestre zen que sempre conta que começou a meditar por que os integrantes do Beatles e do Pink Floyd meditavam, e ela, nutrindo forte admiração por eles, começou a adotar essa pratica" (Magalhães Francisco. *et al,* 2018, p. 186).

É certo que nem todas essas formas de entretenimento auxiliam verdadeiramente na educação desses pequeninos. Mesmo dentre os desenhos animados e animes, há uma gama de produções que não são destinadas ao público infantil. Além disso, Abreu (2019) lembra, também, que até os programas que são apresentados como educativos para as crianças podem não o serem, pois, cerca de três quartos desses programas nunca foram realmente avaliados quanto as suas potencialidades educativas.

Sendo assim, se faz necessária a presença constante dos educadores na vida das crianças, seja na hora de escolher quando e quais animações ou filmes elas irão assistir, mas acima de tudo, a presença dos educadores é fundamental para auxiliar esses pequeninos a desenvolverem uma reflexão crítica sobre aquilo que estão assistindo, ao ponto de poderem, junto com seus educadores, extraírem reais valores educativos daquilo que, a princípio, era só entretenimento (Platt, 2018). Para a realização da interpretação adequada dessas produções artísticas, os educadores e os catequistas podem se utilizar de várias técnicas, dentre elas tem a análise poética, que pode ser usada para compreender a mensagem, principalmente de produções de cunho ficcional, como destaca Magalhães Francisco *et al.* (2018, p. 149):

> A despeito de seu caráter cinematográfico, a ficção também é uma narrativa, sendo possível a cooptação de métodos de interpretação textuais de forma adaptada para a 'leitura' da película. Na interpretação de uma narrativa pelo menos dois aspectos precisam ser explorados, o poético, que estuda a dimensão artística ou o modo como a trama é construída pelo autor, e 'o quê', que faz emergir a mensagem que se deseja comunicar.

Essa técnica de crítica textual é muito semelhante às técnicas de compreensão das narrativas bíblicas atuais, em que a análise histórico-critica vem ganhando muitas forças desde o século XIX.

Ademais, enquanto um tipo de narrativa, as animações e os filmes também podem trazer diversos aspectos que são utilizados, muitas vezes, para aprofundar a obra, tais como: repetições nas falas, símbolos, antíteses, ironias, dentre outros. Os educadores da fé podem se atentar a isso na hora que forem utilizar alguma dessas obras durante a catequese, por exemplo. Além disso, a interpretação de uma animação ou filme deve levar em conta tanto a maneira como os autores constroem sua obra quanto aquilo que eles desejam comunicar (Magalhães Francisco *et al.*, 2018).

Entendendo a catequese e o modo de se fazer presente na vida cotidiana

A catequese sempre se manteve como uma das principais tarefas da Igreja Católica Apostólica Romana. Isso porque Cristo ressuscitado, antes de subir para o Pai, deu aos seus apóstolos a missão: "ide e anunciai o evangelho entre todas as nações" (Mt 28,19). A catequese abrange toda a vida do ser humano, ela é vista desde os primórdios da Igreja, onde Cristo confia a seus discípulos homens e mulheres a missão de anunciar a Boa Nova a todos, tudo o que viram, ouviram e tocaram com suas próprias mãos.

A Igreja no Brasil, especificamente a partir do Concilio Vaticano II, compreendendo sua caminhada de missão evangelizadora, foi fazendo algumas "[...] adaptações necessárias, que refletiam a caminhada da Igreja e o movimento catequético brasileiro." (DNC, 2002). O encontro da Assembleia Geral dos Bispos, no ano de 2002, foi um momento muito rico de debate sobre a caminhada da catequese no território brasileiro. A partir desse encontro, foi realizada a elaboração do documento Diretório Nacional de Catequese (DNC). Mais tarde, depois de adaptações e revisões, o texto foi aprovado na quadragésima terceira (43ª) Assembleia Geral da Conferência Nacional dos Bispos do Brasil (CNBB), em agosto de 2005. O diretório tem como objetivo apresentar a natureza e a intenção da catequese, proporcionando os critérios de ação catequética, em orientar, organizar e encorajar para atividade da ação catequética nas diversas regiões do Brasil.

Desta forma, proporcionou uma grande inspiração, impulsionando novos passos na ação catequética em suas diversas abordagens: bíblica, litúrgica, tentando fortalecer a fraternidade e a comunhão. O diretório abordou, também, a participação de adultos na catequese somando como grande carga de transformação da sociedade, segundo a Doutrina Social da Igreja.

A especificidade da catequese, distinta do primeiro anúncio do Evangelho que suscita conversão, visa o duplo objetivo de fazer amadurecer a fé inicial e de educar o verdadeiro discípulo de Cristo, mediante um conhecimento mais aprofundado e sistemático da Pessoa e da mensagem de Nosso Senhor Jesus Cristo (CT 19).

Em suma, a catequese abrange toda a vida humana, buscando sempre o amadurecimento espiritual na fé, proporcionando uma verdadeira vida cristã. Nisto, a catequese se torna responsável e essencial na preparação das pessoas que buscam receber os sacramentos da iniciação à vida cristã da Igreja Católica, que são o Batismo, a Confirmação (Crisma) e a Eucaristia. A Iniciação à Vida Crista (IVC) é um processo muito abrangente, pois abarca dimensões como família, política, religião, espiritualidade, sociedade, dentre outras. Além disso, esta é uma formação que não visa finalizar a formação cristã, mas se apresenta como uma porta de entrada para um processo de formação permanente (Cencini, 2012) que todo cristão é chamado a seguir.

É fundamental olhar para alguns destaques fortes do IVC. Em primeiro lugar, como fala o Padre Luiz Alves de Lima em uma entrevista para o site da Comissão Episcopal para Animação Bíblico-Catequética da CNBB: é importante observar como a catequese era entendida nos primeiros séculos da Igreja: o nome catequese, que já surgiu com o contexto catecumenato marcado por uma ritualidade e mistagogia, que proporcionava um ensino da doutrina cristã (Lima, 2022).

Diante dessas últimas décadas, no caminhar da catequese, pode-se dizer que se formou um novo modo de entender a catequese e sua metodologia. Se, antes, era direcionada apenas à absolvição cega de doutrinas, muito marcada pelas fórmulas de memorização. O Concílio vaticano II dá uma nova orientação, reconstruindo a formação catequética, dando prioridade à Palavra de Deus, levando, assim, a catequese a se dedicar mais aos sinais dos tempos, a entender as diversas formas pelas quais a Palavra de Deus pode se expressar. Isto conduziu o processo catequético a uma busca por se encontrar com a vida do catecúmeno e dialogar com ela. (Alberich, 2004).

Sendo assim, é necessário observar temáticas que englobam o interesse geral, trazendo materiais que desenvolvam a criatividade, os saberes e as percepções acerca da própria vida do catecúmeno, ajudando na compreensão e no desenvolvimento sociocultural dele, agregando conexões e percepções do espaço em que ele vive.

Essa conexão das crianças e jovens com os desenhos animados e filmes encontra-se na vivência diária deles, por isso que a utilização dessas ferramentas na catequese oferece-lhes uma forma de aproximá-las desse espaço formativo. As narrativas das histórias mostram experiências vividas dentro e fora da realidade de cada criança ou jovem, aguçando sua percepção de mundo ao ajudá-la a refletir, criticar, adaptar e aceitar as diferentes formas didáticas.

O modo como se apreende o conteúdo na catequese tem sua importância, pois vai influenciar no modo como elas irão maturar os conhecimentos adquiridos ao longo da vida. A metodologia utilizada no processo da IVC deve, assim, auxiliar no desenvolvimento de experiências que dão significado, isto é, cria vínculos e laços com o que lhe é exposto. Eis o porquê de utilizar filmes ou animes no processo catequético. Muitas crianças encontram uma afinidade com sua realidade nessas animações e filmes, ou seja, tais ferramentas podem ser vistas como possibilidades pedagógicas que além de trazerem o mundo do catecúmeno para dentro da catequese, também trazem o incrível universo da fantasia, que por si só enriquece os encontros da catequese, principalmente com as crianças, mas podendo se tornar uma narrativa que atrai, também, os jovens, abordando temas interessantes que se vinculam, muitas vezes, com o que é vivido por muitos deles.

Nessa perspectiva, o escritor Vieira (2016, p. 845) relata que é possível e preciso trazer para o ambiente educativo os filmes e as animações, pois tal ambiente "[...] passa a ser extremamente conectado com as experiências pessoais de cada um [...]", experiências, essas, que englobam, também, o assistir e o ler.

Nesse sentido, a catequese deve ser pensada para desenvolver o interesse de crianças e jovens de forma responsável, tentando fazer essa conexão entre aquilo que é ensinado nesse processo inicial de formação cristã e toda a vida do catecúmeno, trazendo propostas e materiais diversos de forma prática e objetiva que desperte o interesse de todos. Esforçando-se, assim, para ajudar a desenvolverem uma forma de pensar mais humana, ajudando-os a agirem e a se posicionarem com facilidade e clareza perante os diversos dilemas que surgem nos dias atuais, agregando, em si, a responsabilidade de decidir pelo que é certo ou errado (Vieira, 2016).

A utilização de filmes e animações como possibilidade pedagógica no processo formativo da IVC também auxilia o próprio catecúmeno a transmitir de forma mais dinâmica e prática aquilo que ele aprendeu na catequese para as pessoas que estão a sua volta: amigos, familiares e etc., ou seja, as crianças e os jovens conseguem exercer sua função de evangelizadores com mais facilidade no seu dia a dia, já que elas terão aprendido com muito mais profundidade aquilo que lhes foi ensinado. O catecúmeno se torna, assim, um ser discípulo-missionário. Mas isso só é possível se o catequista praticar sua docência de forma dócil e responsável, utilizando sempre como base para o diálogo a própria vida do catecúmeno. Sobre este ponto, Viera (2016, p. 849) diz o seguinte: "a prática docente só pode ser realizada com responsabilidade quando se reflete sobre o contexto em que ela se materializa".

Os filmes e as animações auxiliam o catequista principalmente quando este realiza debates sobre temas complexos e que estão carregados de tabus e preconceitos, tais como: bulling, homofobia, empoderamento feminino, violência doméstica e etc. (Faria, 2008). Assuntos estes que, muitas vezes, são trabalhados de forma superficial ou simplesmente não é trabalhado nem na escola, nem no ambiente familiar.

Considerações finais

Entre as reflexões nesta pesquisa, conclui-se que a catequese possui um objetivo central: ajudar às pessoas a desenvolverem em si mesmas a experiência de uma vida em Cristo. Para tanto, elas podem se utilizar de expressões artísticas pedagógicas, que enriquecem o processo formativo humano-espiritual do catequizando ou catecúmeno.

A Iniciação à Vida Cristã não pode ser apenas um processo de doutrinação, mas deve sensibilizar as crianças e os jovens a perceberem, em sua própria vida, as sutis mensagens de Deus. Isto convida cada catequista a conhecer mais a realidade dos seus catecúmenos, e despertar, em cada criança e jovem, um verdadeiro interesse pela vida crista.

Além disso, pode-se concluir, também, que não só o catequista deve perceber as possibilidades formativas dos filmes e das animações, mas o próprio catequizando deve ser capaz de aprender isso, para que as crianças e os jovens também tenham a habilidade de transformar suas próprias vidas em uma catequese permanente, para que possam, mesmo quando estiverem em seus momentos de lazer, sentirem-se provocados ao ponto de se perguntarem: O que isto, ou em que isto, pode ajudar na minha formação cristã? Como este filme ou animação colaborou para que em mim se desenvolvessem os sentimentos de Cristo?

Sendo assim, a arte pode ser vista como tendo o poder de ser provocadora, de ser um ambiente formativo e, por isso, o processo de educação da fé, por ser um processo formativo contínuo, deveria ter uma especial atenção para com ela.

Referências

ABREU, C. N.

Entendendo o impacto cognitivo da dependência de internet em adolescentes. *In*: YOUNG, K. & ABREU, C. N. (Org.). *Dependência de internet em crianças e adolescentes*. Trad.: ARMANDO, Mônica Giglio. Porto Alegre: Artmed, 2019, p. 103-124.

ALBERICH, E.

Catequese Evangelizadora Manual de catequética fundamental. São Paulo: Dom Bosco, 2004, p. 317.

BARBOSA, R. F. M. & GOMES, C. F.

Os Super-heróis em Ação – Podem os Desenhos Animados Sugerirem uma Orientação Estética Lúdico-Agressiva? *Revista Eletrônica de Educação*. São Carlos, v. 7, n. 1, p. 326-346, mai. 2013. Disponível em: http://www.reveduc.ufscar.br/index.php/reveduc/article/view/437. Acesso em: 6 maio 2022.

BENDAZZI, G.

A Moving Sbject. Boca Raton: CRC Press, 2020.

CENCINI, A.

Formação Permanente: acreditamos realmente? São Paulo: Paulus, 2012.

CONFERÊNCIA NACIONAL DOS BISPOS DO BRASIL

Diretório Nacional de Catequese – Documento 84. Brasília CNBB, 2° ed. 2015, 288 p.

DENZINGER, H.

Compêndio dos símbolos, definições e declarações de fé e moral. São Paulo: Paulinas & Loyola, 2007, 903p.

LIMA, L.

Oficina: Catecismo da Igreja Católica e iniciação à vida Cristã. Assessor: Pe. Luiz Alves de Lima. *Youtube*, Disponível em: https://www.youtube.com/watch?v=_Huc7hxBA9Y&t=58s. Acesso em: 20 maio 2022.

FARIA, M. L.

História e narrativa das animações nipônicas: algumas características dos animês. *Revista Actas de Diseño*. Palermo, n. 5, p. 150-157, ago. 2008. Disponível em: https://doi.org/10.18682/add.vi5. Acesso em: 18 maio 2022.

GOMES, N. S. & BARBOSA, V. L.

O aspecto messiânico do Superman na Graphic Novel Reino do Amanhã, de Mark Waid e Alex Ross. *Revista Teoliterária*. São Paulo, v. 9, n. 18, p. 133-170, ago. 2019.

JOÃO PAULO II.

Exortação Apostólica Catechesi Tradendae. *Vaticano*: 1979. Disponível em: https://www.vatican.va/content/john-paul-ii/pt/apost_exhortations/documents/hf_jp- ii_exh_16101979_catechesi-tradendae.html Acesso em: 2 maio 2022.

FRANCISCO, F. M. *et al.*

Religião e Cultura Pop. *Sacrilegens*, Juiz de Fora, v. 15, n. 2, jul-dez, 2018. Disponível em: https://periodicos.ufjf.br/index.php/sacrilegens/article/view/26995. Acesso em: 21 ago. 2024.

OLSEN, C.

Explorando o universo do Hobbit: Mensagens secretas, curiosidades e a filosofia na história da Terra Média. São Paulo: Lafonte, 2012, 250p.

PLATT, A. D. & OLIVEIRA, M. R. F.

Erotização de Crianças e Adolescentes na Escola: Relato de Duas Educadoras. In: GOMES, J. (org.). *Combate à Erotização e ao Abuso Sexual Infantil*: Novas Propostas. Curitiba: CVR, 2018, p.13-31.

SANTOS, G. C. P.

O desenho na infância: a influência das animações. *TCC* (Graduação em Artes Visuais) – Centro de artes e comunicação, Universidade Federal de Pernambuco, Recife, 80 p., 2023.

VIEIRA, L. C.

Caminhos da docência e possibilidades pedagógicas: um projeto de trabalho com animes e mangas. *Revista Even. Pedagógicos*. Porto Alegre, v. 7, n. 2, p. 843- 864, jul. 2016. Disponível em: https://redib.org/Record/oai_revista1407-eventos- pedag%C3%B3gicos. Acesso em: 6 maio 2022.

3

O DISCURSO RELIGIOSO NA ANIMAÇÃO NIMONA: UMA CRÍTICA À INTOLERÂNCIA E À VIOLÊNCIA

Augusto Lívio Nogueira de Morais[1]

Eu vejo você, Nimona, e você não está sozinha.
(Ballister Blackheart, Animação Nimona)

A produção cultural da sociedade moderna é ampla e variada. Em meio a essa variedade, encontramos a cultura pop como sendo uma produção cultural surgida com o advento dos meios de comunicação de massa. Ela predomina dentro de uma sociedade, sendo, ao mesmo tempo, expressão da forma de pensar e viver dessa sociedade, como também vai se transformando à medida que essa mesma sociedade se transforma.

A cultura pop abrange o cinema, a música, as artes, livros e tantas realidades quanto forem possíveis as formas do ser humano se expressar. Ela está presente, também, nas redes e, nelas e por meio delas, amplia a sua força de alcance das massas.

1 Mestre em Teologia com concentração em Literatura Bíblica e Teológica - interpretações, pela Universidade Católica de Pernambuco (Unicap). Bacharel em Teologia pela Faculdade Católica do Rio Grande do Norte (FCRN), com especialização em Teologia Bíblica pela mesma faculdade. Membro do Grupo de Pesquisa Cristianismo e Interpretações da Unicap. Atualmente, atua lecionando Teologia nas áreas de Sagrada Escritura e Teologia Dogmática. E-mail: profaugustolivio@gmail.com.

Sendo uma forma de expressar uma visão de mundo e da existência de uma sociedade, a religião também é alcançada pela cultura pop e aparece em seus produtos culturais de diferentes formas.

Neste texto, pretendemos analisar como o discurso religioso é retratado na animação Nimona, com um enfoque no ambiente cristão. Também queremos pensar o que esse discurso apresenta de provocações para a reflexão teológica.

Quem é Nimona?

Nimona é o nome da personagem principal da história que também se torna o nome desta animação, lançada em 2023, pela Netflix.

Baseada na *webcomic* de fantasia *Nimona*, de ND Stevenson[2], ela apresenta a história de um ser metamorfo que se alia a um cavaleiro que caiu em desgraça acusado de um crime que não cometeu. Juntos, eles terão que lidar com preconceitos, conspirações e perseguições para que o cavaleiro possa provar a sua inocência e descobrir o verdadeiro culpado do crime terrível que abalou todo o Reino.

Essa animação possui diversas camadas, mas fica evidente, para quem está assistindo, que a obra tem, na temática da diversidade de identidade gênero[3] e dos conflitos diante dessa realidade, seu elemento principal.

Contudo, estamos diante de uma história de fantasia que, usando uma linguagem lúdica e bem-humorada, consegue apresentar seus temas complexos de forma leve e provocar reflexão em quem está acompanhando a história com atenção.

Para ajudar na análise proposta para este texto, vamos apresentar um pouco melhor a história da animação *Nimona* e, em seguida, nos dedica-

2 Nate Diana Stevenson (1991) é um cartunista norte-americano. Ele é conhecido pela webcomic de fantasia Nimona e pela série de quadrinhos Lumberjanes, e ganhou um Eisner Award por ambas. Também é criador do reboot da série de animação She-Ra (https://pt.wikipedia.org/wiki/ND_Stevenson).

3 Identidade de gênero trata-se de como as pessoas se identificam diante de seu sexo biológico e de sua sexualidade (como a pessoa sente prazer ou atração em relação ao gênero). Para ter uma visão básica sobre o conceito, indicamos: Identidade De Gênero (não datado, não paginado): https://brasilescola.uol.com.br/videos/identidade-genero.htm.

remos mais detidamente ao tema do discurso religioso que a animação apresenta.

Um resumo da história e alguns de seus personagens

Tudo se passa em um Reino (que não tem nome próprio, apenas Reino), num ambiente futurista e, ao mesmo tempo, com elementos que remetem ao mundo medieval (transportes voadores, eletricidade, comunicadores e armas *laser* convivem com cavaleiros de armadura e espada, por exemplo).

Nesse Reino, existe uma Ordem de Cavaleiros, proveniente de famílias tradicionais, as quais estariam na origem dessa Ordem e, portanto, famílias que gozam de um *status* de nobreza dentro dessa sociedade. Essa Ordem tem a missão de proteger o Reino contra a ameaça de monstros que podem surgir das sombras e destruir a tudo e a todos.

O Reino é cercado por uma grande muralha para proteção de todos, guarnecido com grandes canhões *lasers* montados sobre a sua estrutura. A população não sai para além dos muros, vivendo dentro dos limites do Reino para permanecer protegida das ameaças que podem vir do mundo externo.

A personagem do cavaleiro Ballister Blackheart aparece no início da história como um menino plebeu, não pertencente a uma família nobre, que consegue entrar na Ordem para se tornar um cavaleiro. Entretanto, já adulto, após anos de treinamento, no momento em que ele está para se tornar um cavaleiro, é incriminado pela morte da rainha e precisa fugir.

É neste contexto que Ballister Blackheart se encontra com Nimona, um ser metamorfo que se apresenta para ele como uma adolescente, e juntos irão procurar o verdadeiro culpado pelo crime.

Dentre as demais personagens, encontramos a Diretora. Ela é uma mulher que usa roupas que remetem às vestes medievais das damas da corte, sendo um vestido longo de cores claras, véu e cabelos presos que lembram a figura da princesa Léia, de *Star Wars*, na trilogia clássica[4]. A aparência da Diretora remete à ideia de tradição, de uma pessoa conservadora. Ela

4 A trilogia clássica de Star Wars é o conjunto de três filmes iniciais da famosa saga criada por George Lucas, lançados entre os anos 1977 e 1983. Esses filmes marcaram a história do cinema com sua narrativa épica e efeitos especiais inovadores para a época e personagens icônicos.

comanda a Instituição que é responsável pela formação dos cavaleiros e, após a morte da rainha, ela é a personagem que ganha destaque no comando da situação de crise que se instalou no Reino.

Existe, também, a personagem de Gloret, que é uma espécie de heroína do Reino. Ela teria vivido há mil anos e em torno dessa figura foi construída uma história ou lenda guardada pelo Reino, que compõe a memória coletiva do povo, de que ela, mil anos atrás, teria enfrentado, pela primeira vez, um monstro terrível e o teria derrotado, dando origem à Ordem dos Cavaleiros e à própria Instituição. Em sua honra, em frente ao prédio da Instituição, há uma estátua gigantesca dela, vestindo uma armadura dourada, segurando uma espada em sua mão e apontando-a para a frente em sinal de confronto.

Entretanto, a animação vai revelar que a lenda de Gloret é uma interpretação manipulada pelo medo e pelo preconceito, ao mostrar que Nimona conheceu Gloret ainda criança e ambas desenvolveram uma amizade pura e verdadeira.

Assim, Gloret conhecia Nimona e sua natureza metamorfa, mas quando os adultos descobriram a natureza de Nimona, eles a atacaram e Gloret, uma criança, aprendeu que Nimona era um monstro e que deveria ser temida. Como consequência, Gloret rejeitou a amizade de Nimona e, a partir desse momento, a lenda de que ela teria enfrentado e derrotado um terrível monstro foi sendo construída durante os mil anos seguintes.

O Reino assumiu essa lenda como verdade, repetindo-a e usando-a para justificar a existência da Instituição, da Ordem dos Cavaleiros, do grande muro que cerca o reino e da perseguição a tudo o que for diferente.

No modo como a história está ambientada, e no seu desenrolar, não aparece explicitamente uma religião oficial, ritos ou cultos, mas a linguagem e a estrutura de alguns de seus discursos remetem a uma forma que poderia ser identificada como discurso religioso.

Desse modo, vamos analisar melhor esses discursos para identificar as características que permitem colocá-los no lugar de discurso religioso e entender que tipo de discurso religioso surge em *Nimona*.

O discurso religioso que aparece em Nimona

O discurso religioso se caracteriza por sua busca por sentido, sua referência ao Transcendente e sua linguagem simbólica. Ele se volta para a totalidade do ser, buscando articular uma compreensão abrangente da existência humana e sua relação com o Absoluto. Na vida prática das pessoas, esse discurso desdobra-se em doutrinas, ritos e valores que norteiam a forma de viver, de pensar e de se relacionar com a realidade que as cerca (Croatto, 2010, p. 42; Oliveira, 2013, p. 48, p. 113).

O discurso religioso pode assumir diferentes formas. Pode ser animador e acolhedor, pode ser moralista e normativo, pode ser exortativo e acusativo, e também pode ser fundamentalista e intransigente. Essas diferentes formas que o discurso religioso pode assumir ocasiona, evidentemente, diferentes consequências na vida das pessoas, às quais o discurso alcança.

Em Nimona, podemos perceber a presença da temática religiosa e de um discurso religioso de forma indireta. Vejamos os elementos que apontam para a temática religiosa dentro da animação e, em seguida, destacaremos os discursos que queremos refletir.

Os elementos religiosos presentes em Nimona

Sem tentar exaurir todos os elementos possíveis de serem interpretados na ótica da temática religiosa, queremos destacar aqueles que consideramos mais explícitos e que nos permitirão desenvolver nossa reflexão.

Existe a Instituição, comandada pela Diretora, responsável por treinar os novos cavaleiros e cuidar da segurança do Reino contra a ameaça dos monstros.

Dentro desta Instituição, destaca-se a figura de Gloret. Ela aparece durante a animação como a figura modelo, que deve ser imitada e seguida. Ela é o parâmetro fundamental da Ordem dos Cavaleiros e de sua missão. É para ela que os cavaleiros devem olhar para saber o que fazer e como agir para a proteção do Reino.

Durante toda a animação, a Diretora e outros personagens invocam o nome de Gloret diante de situações de perigo, de espanto, de medo ou de gratidão. A expressão geralmente é "por Gloret" ou "em nome de Gloret". Isso nos permite entrever que a animação reveste a Instituição e a figura de Gloret com elementos religiosos, ou de uma religião.

Enquanto a Instituição se aproxima de uma estrutura religiosa, a figura de Gloret seria o elemento "divino" ou "transcendente" para o qual os personagens se dirigem nas diferentes situações em que se encontram. Ao mesmo tempo em que se está fazendo memória dessa figura quando se invoca seu nome, honrando-a por sua importância para a história do Reino, ela acaba sendo revestida de uma perspectiva sagrada ao ter seu nome invocado nas diferentes formas e situações em que se apresenta na animação. O modo como as personagens invocam o nome de Gloret lembra as formas populares de expressão perpassadas pela cultura religiosa como, por exemplo, "meu Jesus" ou "ai meu Deus", em diferentes situações e com diferentes ênfases.

Tendo, então, a figura de Gloret como referencial atemporal para determinar a forma como a Instituição e a Ordem dos Cavaleiros devem ser, se comportar, como também, determinar qual sua missão dentro do Reino, a animação coloca essa figura no papel religioso messiânico, ou divino, dentro do contexto da história.

O discurso religioso da Diretora e a lenda de Gloret

Dentre as personagens da história, destacamos a figura da Diretora, pois é a partir de expressões presentes na sua fala que encontraremos melhor o discurso religioso presente em Nimona.

Antes, porém, de apresentar algumas das falas da Diretora, é importante ressalvar que a animação joga com essas frases muitas vezes de forma ambígua, dando margem para diferentes interpretações. Entendemos que isso seria intencional na produção para gerar, no telespectador, diferentes percepções sobre o que a história está apresentando.

Vamos, brevemente, verificar algumas das falas da Diretora que consideramos dar margem para o tema do discurso religioso presente em Nimona, ciente de que elas poderiam ser interpretadas com outras perspectivas que, necessariamente, não são mutuamente excludentes.

a) "Sigam sempre os propósitos de Gloret".

A frase apresenta quatro termos significativos.

O verbo "seguir", na forma de imperativo, ou seja, em tom de ordem, o que aponta para a ideia de discipulado e de obediência.

O adjunto adverbial "sempre", utilizado para reforçar a ordem dada pelo verbo impondo um caráter de algo que não pode ser relativizado.

A expressão "os propósitos de Gloret" apresenta o objeto que deve ser seguido de forma obediente e inquestionável.

Gloret aparece como aquela que tem uma vontade, um plano, um objetivo que deve ser assumido por todos aqueles que agora fazem parte da Ordem dos Cavaleiros que ela iniciou há mil anos. Ela é quem dá a essa ordem o seu sentido, seu objetivo de existência.

Entretanto, quais seriam esses propósitos? A animação não apresenta a personagem Gloret dizendo nada sobre isso. Quando aparece algo sobre esse tema, o que aparece são as personagens já vivendo no Reino mil anos depois afirmando que isso e aquilo estão entre os propósitos de Gloret. Nesse caso, geralmente ideias ligadas à vigilância ante o perigo dos monstros e o dever de proteger o Reino. Também a ideia de uma classe privilegiada que teria o direito de ocupar a missão de cavaleiro protetor do Reino, expressando e justificando, assim, o preconceito com o fato de um plebeu ter sido escolhido para se tornar Cavaleiro da Ordem.

Aqui, podemos ver como Gloret assume o papel de uma espécie de fundadora sagrada, cuja vontade deve ser sempre observada e seguida fielmente para que a Instituição não se desvie do seu caminho.

b) "Que Gloret guie seus passos" e "Que Gloret perdoe você".

Nessas frases, temos um tom de prece, de bênção e de súplica dirigidos a Gloret em favor de outra pessoa.

Novamente, a figura de Gloret aparece como central, sendo ela apresentada como um ente que, com seu exemplo ou como uma inspiração, de forma invisível, é capaz de guiar o caminho daqueles que se colocam sob seu cuidado, seguindo seus passos.

Também se suplica a Gloret o perdão por se ter, de alguma forma, falhado no seguimento de seus propósitos. Um sentimento de ofensa contra sua pessoa pode ser percebido, mesmo sabendo que Gloret está morta faz mil anos; ela é sentida como presente, como uma realidade invisível, mas considerada real. É uma imagem que remete ao ambiente religioso e que coloca Gloret na posição de um ser sagrado. Em torno dela, percebe-se uma mística que é inquestionável para os membros da Instituição e para todo o Reino.

c) "O mandamento de Gloret"

A animação não diz qual é o mandamento de Gloret, mas apresenta essa expressão que passa claramente a ideia de que Gloret teria deixado uma ordem ou um conjunto de leis que devem ser seguidas e que não podem ser questionadas.

O sentimento de obediência fiel ao mandamento de Gloret reforça tanto a perspectiva religiosa da Instituição e como a forma sagrada que reveste a figura de Gloret, dando a essa personagem uma autoridade que pode ser considerada divina.

Pelo contexto da animação, podemos subtender que o mandamento de Gloret teria relação com a proteção do Reino e o combate aos monstros. Desse modo, sendo um mandamento, ele deve ser cumprido a qualquer custo, o que a Diretora tentará fazer estando disposta a sacrificar milhares de pessoas para conseguir destruir o "monstro Nimona".

d) "Gloret fez tudo que foi necessário para manter os monstros longe"

Nessa frase, temos uma reminiscência, uma recordação pontual dos feitos de Gloret. A frase não explica o que realmente Gloret fez para manter os monstros longe, mas afirma que ela fez tudo o que foi necessário, ou seja, colocou toda a sua vida, suas energias, para esta finalidade.

Com essa frase, Gloret aparece revestida com uma imagem messiânica, de alguém que se sacrificou (apesar da animação não falar que Gloret morreu para salvar o Reino), que dedicou sua vida para proteger o Reino. Assim, ela aparece, ao mesmo tempo, como heroína e como uma espécie de salvadora.

Novamente, podem ser perceptíveis elementos que transitam entre o heroísmo de uma pessoa que marcou significativamente a história do Reino e o messianismo de uma figura que se torna sagrada por ser considerada a salvadora do Reino.

A crítica ao discurso religioso que a animação Nimona propõe

A animação Nimona, por meio dos elementos de discurso religioso que traz em sua narrativa, constrói uma crítica ao discurso religioso preconceituoso que justifica, até mesmo, formas de violência baseando-se em princípios que seriam sagrados e, por isso, normativos para todos.

A figura da Diretoria personifica, de forma tipológica, as pessoas que, em nome de Deus e de uma forma de ler e interpretar as tradições de sua religião, assumem uma postura rigorista e intransigente diante daquilo que seja considerado por elas diferente, fora do chamado normal, tradicional.

A personagem da Diretora serve, na narrativa da animação, para ajudar a compreender como o medo e o preconceito são os verdadeiros motivos de tudo o que a Instituição está fazendo. Eles estão por trás da pretensa postura de cuidado e proteção do Reino, justificando, assim, a violência, a perseguição e a destruição de tudo o que é diferente.

Esse medo e preconceito se manifestam em diferentes perspectivas: medo de estarem errados na forma como estão lidando com os chamados monstros, medo de abrir-se para o diferente e compreender novas realidades e situações, medo das mudanças que um processo de superação dos preconceitos poderia trazer.

A Diretora é a representação de todo esse medo e preconceito. Ela vai buscar diferentes justificativas para não se abrir às possíveis mudanças, inclusive matando, perseguindo, mentindo, em nome de conservar o que ela considera o "mandamento de Gloret".

A animação reforça sua crítica a essa forma de discurso religioso quando demonstra que não existem esses monstros tão temidos. Eles não aparecem em nenhum momento do filme. Na verdade, os temidos monstros acabam sendo a própria Nimona. Ela é apresentada na história como uma força da natureza, aparentemente imortal, pois a animação mostra que mil anos atrás, Nimona já existia e procurava conexão, aceitação e amizade na sua relação com Gloret.

Ao considerarmos algumas formas de discurso religioso presentes no ambiente cristão, a crítica presente em Nimona pode ser percebida especialmente em relação ao discurso usado para justificar o preconceito e a violência, de modo particular, em relação à comunidade LGBTQIAPN+[5]. É o tipo de discurso que nega a essas pessoas o direito de existir como seres humanos, de construir uma vida, de constituir família, de ter acesso à trabalho digno, ao convívio social, de ter, inclusive, uma relação com o divino, o sagrado.

5 A sigla LGBTQIAPN+ significa: lésbicas; gays; bissexuais; transgêneros; queer; intersexuais; assexuais; pansexuais; não-binário. O sinal de + indica a abertura para a inclusão de outras realidades.

A animação Nimona apresenta o discurso religioso em uma ótica negativa, pois foca no modelo de discurso que tem fundamentado diferentes formas de preconceito e violência em relação à comunidade LGBTQIAPN+. Essa abordagem do filme tem, claramente, o objetivo de fazer a crítica a esse tipo de discurso e provocar a reflexão sobre essa postura a partir da personagem da Diretora e de sua forma de lidar com a personagem de Nimona.

O que o discurso religioso de Nimona diz à reflexão teológica

A abordagem crítica que a animação Nimona apresenta é importante como provocação para que o ambiente religioso cristão perceba que certos discursos feitos em nome da fé cristã não condizem com a sua mensagem fundamental.

Torna-se evidente, durante o desenvolvimento da história da animação, que o discurso religioso criticado é o discurso fundamentalista, fanatizado pelo apego a interpretações literalistas das tradições religiosas. Ele é movido pelo medo e preconceito projetados para dentro do discurso religioso e, assim, reveste-se de norma sagrada que não pode ser questionada e que deve ser defendida a todo custo.

O discurso fundamentalista

O fundamentalismo é uma atitude que não dá espaço para outras visões de mundo ou perspectivas sobre a vida. É um fechamento em uma bolha que não admite como válida a existência de um ponto de vista para além do seu próprio. (Boff, 2002, p. 25).

O discurso fundamentalista, diante do diferente, expressa a resistência e a contestação que tem por trás de si o medo que as move. O medo está na raiz de toda forma de fundamentalismo, pois a insegurança e as vicissitudes da vida geram uma sensação de desorientação, de falta de referência, de instabilidade. Então, muitas pessoas acabam entrando em um processo de busca por estabilidade, controle, previsibilidade, se tornando vulneráveis à abordagem do fundamentalismo. O discurso fundamentalista, e em especial, o religioso, oferece as certezas que promovem a sensação de estar em um lugar conhecido e seguro (Chauí, 2006, p. 141-142).

O medo e, consequentemente, a busca de certeza e de estabilidade, aparece de forma clara durante a animação quando a personagem de Nimona é questionada em diferentes momentos sobre quem ela é ou o quê ela é[6]. A insistência na pergunta durante diferentes momentos da animação, quando se percebe que Nimona é diferente, surge como uma reação provocada pelo medo e pela necessidade de certezas.

Diante da pergunta sobre sua identidade ou explicação sobre porque ela é como é, Nimoma responde somente com a expressão "eu sou Nimona" e, desse modo, a personagem é colocada na situação de alguém que está buscando ser vista e aceita por quem ela é, e como ela é.

Entretanto, o discurso oficial do Reino é que seres como Nimona são uma ameaça, um perigo, são monstros cuja a própria existência seria uma ameaça que poderia destruir tudo (o Reino, as pessoas, sua forma de vida etc). Esse discurso reflete o medo diante do que é diferente, criando uma imagem falsa, preconceituosa e distorcida de quem é Nimona, impedindo que ela seja vista e acolhida por quem ela realmente é.

Essa postura das personagens em relação a Nimona expressa a mentalidade fundamentalista que, nesta análise, entendemos estar sendo criticada dentro da perspectiva do discurso religioso. A intolerância, a intransigência e o seguimento acrítico do "mandamento de Gloret" são característicos do fundamentalismo e servem de alegoria para a crítica das posturas fundamentalistas presentes no discurso religioso atualmente, especialmente no ambiente cristão ocidental.

A mensagem cristã e a mensagem de Nimona

A animação Nimona se propõe a oferecer uma mensagem de acolhimento, respeito, escuta, amor e enfrentamento dos processos de exclusão, especialmente dentro da realidade das pessoas LGBTQIAPN+.

Essa mensagem reflete o que é central também na mensagem cristã: o amor. Nos evangelhos, nos quais é apresentada a pessoa e os ensinamentos

6 O questionamento que utiliza a forma "o quê" ao invés de "quem" indica a coisificação da pessoa que está sendo interpelada. Ela já está sendo vista, de certo modo, como não humana, o que justificaria ser perseguida e tratada com violência. Porque ela não seria humana não haveria, portanto, nenhuma forma de identificação empática com ela.

de Jesus de Nazaré, que se tornará o Cristo da fé, em torno do qual nascerá o cristianismo, podemos facilmente encontrar essa mensagem.

Em diferentes passagens, Jesus aparece interagindo com pessoas consideradas suspeitas, pecadoras, "más companhias", párias no ambiente da sociedade judaica de seu tempo: cobradores de impostos, prostitutas, pecadores (conforme estabelecia a Lei Mosaica), leprosos, estrangeiros, entre outras (Morin, 1988, p. 5-18).

Essa postura presente nos evangelhos permite que vejamos como a mensagem cristã aponta na direção do amor que acolhe, respeita e promove a vida e a dignidade das pessoas.

Quando, no Evangelho segundo João, capítulo 8, versículos de 1 a 11[7], Jesus impede que uma mulher apanhada em adultério seja apedrejada até a morte, ele não procura justificativas para ela, mas apenas a acolhe e a protege. Quando ele a despede dizendo para não pecar mais, o evangelho nos permite ver que Jesus não a ameaça com uma nova possibilidade de ser apedrejada, mas apenas quer que ela encontre seu caminho.

Em outro Evangelho, Lc 19,1-10, o evangelista nos apresenta Jesus entrando na casa de um chefe dos cobradores de impostos chamado Zaqueu, alguém publicamente reprovável, e ainda coloca Jesus fazendo com ele uma refeição. Ao acolher esse homem, Jesus recorda que ele é um irmão, "filho de Abraão". O resultado desse encontro é o resgate da dignidade de Zaqueu ao ponto dele se dispor a reparar os atos desonestos que teria praticado.

Quando um leproso se apresenta diante de Jesus, segundo o Evangelho de Mc 1,40-45, o evangelista descreve a cena com gestos escandalosos para a época. Jesus não somente se aproxima do leproso, mas o toca, o que era gravíssimo diante da Lei Judaica da pureza legal. Ele realiza a cura do leproso e o devolve ao convívio da comunidade judaica, restituindo-lhes não somente a saúde física, mas principalmente, devolvendo a ele sua condição de ser humano.

O convite dos evangelhos está sempre no campo do olhar sobre a realidade das pessoas, sua condição, e de como elas podem ter sua dignidade restaurada. O olhar está voltado para a pessoa e para o modo de como ajudá-la a viver sua vida plenamente.

7 Existe uma forma padrão amplamente usada para indicar as citações bíblicas. Esta citação é escrita da seguinte forma: Jo 8,1-11. A partir de agora, seguiremos esse formato de apresentação das demais referências bíblicas que forem utilizadas.

Podemos ver, no ambiente cristão atual, atitudes tanto de acolhimento como de violência em relação às pessoas LGBTQIAPN+ (Mariano, 2023, p. 15-21).

No ambiente católico, é possível tomarmos como um sinal significativo de acolhimento os gestos e palavras do Papa Francisco. Apesar de ainda existirem limites e tensões entre uma abertura acolhedora e as diretrizes doutrinárias da Igreja Católica, em diferentes ocasiões, ele demonstrou esse amor que acolhe e promove a dignidade da vida das pessoas pertencentes a essa comunidade[8].

Também pastores e lideranças de diferentes denominações cristãs têm se manifestado de modo acolhedor em relação a comunidade LGBTQIAPN+, promovendo, inclusive, políticas de acesso aos ministérios das suas respectivas Igrejas[9].

Por outro lado, não é difícil encontrar líderes religiosos no ambiente cristão que, em seus cultos e pregações, alimentam o medo e o preconceito contra a comunidade LGBTQIAPN+[10].

O papel crítico da teologia diante do discurso religioso

A crítica presente na animação Nimona aponta para uma estrutura fundamentalista atuante em uma parte do discurso religioso cristão atual. Esse tipo de discurso tem uma forte presença e apelo em diferentes ca-

8 Para uma leitura mais aprofundada sobre essa mudança de postura na Igreja Católica Apostólica Romana em relação a comunidade LGBTQIAPN+ e os limites e tensões presentes nesse contexto, indicamos o artigo de Furtado (2021).

9 No Brasil, nomes como os do pastor e deputado federal Henrique Vieira (Igreja Batista) ou da pastora Alexya Salvador, da Igreja da Comunidade Metropolitana (ICM), primeira pessoa trans a assumir a liderança em uma Igreja cristã, entre outros, têm se manifestado nas redes sociais e em movimentos de defesa dos direitos das pessoas LGBTQIAPN+.

10 Caso do pastor André Valadão que "causou revolta nas redes sociais após dar uma declaração homofóbica durante um culto evangélico em Orlando, nos Estados Unidos. O religioso da Igreja Batista da Lagoinha sugeriu que os fiéis matassem pessoas da comunidade LGBTQIAPN+." (Fonte: Barboza (2023, documento não paginado)). Caso, também, do padre Paulo Antônio Mueller, da cidade de Tapurah, Mato Grosso, que em uma pregação gravada em um vídeo, faz críticas a um jornalista homossexual com insultos homofóbicos (Lima, 2021, documento não paginado).

madas da sociedade ocidental cristã e ele é o tipo de discurso que precisa ser criticado e combatido.

Criticado, porque seus argumentos, pretensamente fundamentados na Bíblia, distorcem a mensagem central da fé cristã e reduzem o texto bíblico a uma forma moralista, para confirmar e justificar os preconceitos e medos de seus proferidores.

Combatido, porque o discurso fundamentalista desemboca em violência e até mesmo em morte. Essa não é a mensagem de Jesus e do seu evangelho. Por isso, não se pode tolerar essa forma de discurso, devendo ser enfrentado para que vidas possam ser salvas.

É papel da teologia provocar a reflexão sobre os diferentes tipos de discurso religioso presentes no ambiente cristão, iluminando e aprofundando aquilo que promove os valores fundamentais da mensagem cristã e fazendo a crítica e denunciando o que distorce essa mensagem, mascarando medos e preconceitos com aparência de vontade divina.

A Bíblia e o discurso religioso Cristão

A Bíblia é, para os cristãos, o livro normativo sagrado. Ela recebe o *status* de Palavra de Deus, o que a torna fundamental para as diferentes Igrejas e comunidades cristãs.

Uma vez revestida deste peso sagrado, a leitura e interpretação da Bíblia se tornam centrais para a compreensão e a pregação da mensagem cristã. Desse modo, é preciso ter cuidado com a forma de ler e interpretar a Bíblia para que não se distorça seu sentido fundamental.

É preciso recordar que os textos bíblicos foram escritos em uma época e contexto em que as pessoas tinham a sua visão de mundo, com seus aspectos positivos, mas também com seus medos e preconceitos.[11] Não podemos cair no erro de transpor esses medos e preconceitos para os nossos dias, pois, além de ser Palavra de Deus, a Bíblia também é palavra humana (Arens, 2007, p. 25-26).

11 A Bíblia é produto de um processo redacional de aproximadamente 1.000 anos (sec. X a.C. ao sec. I d.C) (Arens, 2007, p. 19). Ela carrega o ambiente histórico e cultural das diferentes pessoas e comunidades que estão por trás da formação de cada um dos seus textos.

Em diferentes momentos da história, o discurso religioso foi fonte de justificação para perseguições, mortes, guerras e todo tipo de violência contra a dignidade humana.[12] Por isso, é preciso fazer a leitura crítica do texto bíblico, procurando discernir a mensagem central onde se encontra a Palavra de Deus, que se está buscando conhecer e viver, daquilo que é fruto do contexto histórico-cultural de seus autores e que refletem os valores positivos e negativos de seu tempo.

Entretanto, o amor é a mensagem central da Palavra de Deus que a Bíblia nos revela. Em Mt 22,34-40, o evangelista ensina que o amor a Deus e ao próximo é o fundamento de tudo o que está na Lei e nos Profetas (ou seja, de toda da Bíblia). Na Primeira Carta de João, 1Jo 4,7-21, o autor apresenta não somente a centralidade do amor na mensagem cristã, como também afirma categoricamente que sem o amor concreto entre as pessoas não é possível conhecer a Deus nem O amar[13].

Assim, o critério do amor, que perpassa toda a Sagrada Escritura, pode ser um bom caminho para discernir o que é essencial na mensagem bíblica e, consequentemente, poder construir um discurso religioso que promova a vida das pessoas e de toda a criação.

As instituições religiosas e as pessoas LGBTQIAP+

Ao considerarmos a animação *Nimona* como uma analogia da situação de vida das pessoas LGBTQIAP+, somos provocados a refletir sobre as diferentes realidades as quais essas pessoas são submetidas diariamente em nossas Igrejas e Comunidades Eclesiais.

A animação nos fala de busca por aceitação e acolhimento, sobre medo e preconceitos, a respeito de exclusão e de violência. Olhando para

12 Podemos destacar as cruzadas que tiveram no discurso religioso de missão e guerra santa em defesa da fé as justificativas para morte de judeus, mulçumanos e até mesmo cristãos ortodoxos. Outro exemplo é a inquisição, que perseguiu e assassinou pessoas acusadas de heresia e de bruxaria. Também há o período de conquista e colonização das Américas, justificada pela interpretação da missão evangelizadora e civilizatória dos povos nativos, resultando em genocídios, escravização e destruição de culturas locais.

13 Além desses exemplos retirados da Bíblia, poderíamos apresentar alguns retirados do magistério da Igreja Católica Apostólica Romana que, oficialmente, também afirmam a centralidade do amor na mensagem cristã. Entretanto, queremos nos restringir, aqui, ao texto bíblico, que é o tema deste tópico.

o contexto atual, de certo modo, essas são as experiências vividas pelas pessoas LGBTQIAP+ diante de algumas instituições religiosas. Frequentemente, elas são vistas e tratadas como monstros, como pecadoras, como perdidas e condenadas.

O discurso religioso fundamentalista desumaniza essas pessoas e tira delas sua dignidade de filhos e filhas de Deus, de pertencentes ao horizonte infinito do amor de Deus. Essa desolação pode trazer consequências negativas tanto na maneira como essas pessoas se veem e tratam a si mesmas, como na forma como a sociedade as vê e as trata.

Na dimensão pessoal, muitas vezes, a pessoa entra em estado de negação, procurando se adequar ao que lhe é imposto, para não se sentir rejeitada ou mal consigo mesma. Entretanto, essa negação pode levar à diferentes formas de violência contra si mesma, e, por fim, chegar ao ponto de tirar a sua própria vida[14].

Nas relações sociais, as pessoas, a partir desse discurso religioso fundamentalista, muitas vezes, justificam seu preconceito, seu medo e, até mesmo seu ódio contra as pessoas LGBTQIAP+, passando a enxergar a violência, a discriminação, o isolamento e a humilhação infligidos aos membros dessa comunidade como atitudes positivas de defesa da fé, da sociedade e de valores morais contra uma ameaça que, na verdade, não é real[15].

É urgente um trabalho de reflexão e crítica em relação a esta realidade presente nas diferentes Igrejas e Comunidades Eclesiais, pois essas pessoas são filhos e filhas de Deus, que buscam viver sua fé com dignidade e respeito, com liberdade e acolhimento.

Atualmente, existem iniciativas que tem procurado realizar esse processo de acolhimento e de reflexão dentro de diferentes instituições religiosas. A título de exemplo, destacamos a Rede Nacional de Grupos Católicos LGBT, fundada em 2014, e que tem como sua missão propagar a mensagem de Jesus Cristo e o projeto inclusivo do Reino de Deus, compartilhando amor, liberdade, justiça e vida plena com aqueles que são marginaliza-

14 Sobre o tema da negação de si mesmo e do suicídio presentes na comunidade LGBTQIAPN+, ver: Sousa e Nogueira (2022); e também, Oliveira e Freire (2021).

15 A população LGBTQIAPN+ sofre violências físicas, psicológicas, morais e econômicas. O Brasil é o país que mais mata pessoas dessa comunidade. No campo da violência econômica, os membros dessa comunidade têm maior dificuldade de acesso ao trabalho formal, sofre mais com o desemprego e, em muitas situações, acaba se submetendo à prostituição para sobreviver (Benevides, 2024; Balbi, 2024).

dos pela Igreja ou pela sociedade devido à sua identidade de gênero ou orientação sexual[16].

Iniciativas como esta estão abrindo espaços para que teólogos e teólogas possam ouvir e contribuir com a reflexão teológica sobre essa realidade, produzindo materiais que ajudam a fazer a crítica ao discurso fundamentalista religioso que discrimina e exclui essas pessoas, como também abrindo espaços para se pensar essa realidade dentro da dinâmica da Revelação cristã[17].

Considerações finais

A animação *Nimona* faz a crítica ao discurso religioso fundamentalista, o qual justifica o preconceito e a discriminação contra diferentes minorias, mas, de modo particular, contra à comunidade LGBTQIAPN+. A personagem Nimona aparece na história como tipo das pessoas LGBTQIAPN+ que buscam seu lugar no mundo, que buscam por aceitação, amor, amizade, família, um lugar para viver e existir.

Neste contexto, o discurso religioso aparece como instrumento que fundamenta e corrobora os medos e preconceitos dos personagens, justificando até mesmo a violência contra tudo o que não se encaixa na visão de mundo e de existência considerado normal.

Entretanto, a história da animação vai mostrar que não existe a ameaça dos monstros, eles não são reais. Os temidos monstros são fruto do medo e do preconceito diante do que é considerado diferente, do que está fora das expectativas das pessoas. Como Nimona era diferente, em vez de olhá-la a partir de quem ela é, de buscar compreendê-la, Nimona foi vista sob a ótica do medo e do preconceito.

Esse medo e preconceito revelam que os verdadeiros monstros são as personagens que perseguem Nimona. A personagem da Diretora, com a Instituição, a Ordem dos Cavaleiros e a figura de Gloret, está disposta a tudo para destruir Nimona, justamente por medo e preconceito.

Os teólogos e teólogas, as lideranças religiosas e todas as pessoas que se colocam como pregadores da mensagem cristã, precisam saber escutar as

16 Rede Nacional de Grupos Católicos LGBT. Disponível em: https://redecatolicoslgbt.com.br/sobre/. Acesso em: 5 mar. 2025.

17 Um texto sobre essa temática é o livro de Lima (2021).

críticas que os diferentes grupos sociais fazem ao discurso religioso cristão atual. Saber escutar e refletir para poder identificar de que forma a mensagem do Evangelho do amor, da vida, da salvação está sendo comunicada às pessoas nesse nosso tempo.

O discurso religioso pode ser fonte de integração, aceitação, acolhida e respeito por todas as pessoas. Para isto, é preciso que o centro desse discurso seja o amor infinito de Deus por sua criação. Esse amor, manifestado na pessoa de Jesus, se mostra, nos Evangelhos, um amor que acolhe, respeita e promove as pessoas. Essa centralidade é fundamental para discernir o que corresponde ou não à mensagem central da fé cristã.

Referências

BENEVIDES, B. G.

Dossiê de assassinatos e violências contra travestis e transexuais brasileiras em 2024. *In*: *Antra*. Disponível em: https://antrabrasil.org/assassinatos/. Acesso em: 05 mar. 2025.

ARENS, E.

A Bíblia sem mitos: uma introdução crítica. São Paulo: Paulus, 2007.

BALBI, H.

Atlas da Violência: com quase um caso por hora, agressões contra população LGBTQIA+ aumentam 39,4% em um ano. *O Globo*, 18 jun. 2024. Disponível em: https://oglobo.globo.com/brasil/noticia/2024/06/18/atlas-da-violencia-com-quase-um-caso-por-hora-agressoes-contra-populacao-lgbtqia-aumentam-394percent-em-um-ano.ghtml . Acesso em: 5 mar. 2025.

BARBOZA, S.

Pastor André Valadão incita fiéis a matar LGBTs em culto nos Estados Unidos. *Jornal da Band*, 3 jul. 2023. Disponível em: https://www.band.uol.com.br/noticias/jornal-da-band/ultimas/pastor-andre-valadao-incita-fieis-a-matar-lgbts-em-culto-nos-estados-unidos-16614188). Acessado em: 13 jan. 2025.

BOFF, L.

Fundamentalismo: a globalização e o futuro da humanidade. Rio de Janeiro: Sextante, 2002.

IDENTIDADE DE GÊNERO.

In: Brasil Escola. Disponível em: https://brasilescola.uol.com.br/videos/identidade-genero.htm. Acesso em: 06 ago. 2024.

CHAUÍ, M.

Fundamentalismo religioso: a questão do poder teológico-político. En publicacion: *Filosofia Política Contemporânea*: Controvérsias sobre Civilização, Império e Cidadania. Atilio A. Boron, 1a ed. - Buenos Aires: Consejo Latinoamericano de Ciencias Sociales - CLACSO; São Paulo: Departamento de Ciência Política. Faculdade de Filosofia, Letras e Ciências Humanas. Universidade de São Paulo. Abril 2006. ISBN-13: 978-987-1183 40-1 Disponible en la World Wide http://bibliotecavirtual.clacso.org.ar/ar/libros/secret/filopolconbr/Chaui.pdf

CROATTO, JOSÉ SEVERINO.

Experiencia de lo sagrado y tradiciones religiosas: estudio de fenomenología de la religión. 1. ed. e-book. Navarra: Verbo Divino, 2010.

FURTADO, MARIA CRISTINA SILVA.

Papa Francisco e as pessoas LGBTQI+: mudanças e perspectivas. *Horizonte*, Belo Horizonte, v. 59, pág. 675-702, maio/ago. 2021. DOI: 10.5752/P.2175-5841.2021v19n59p675. Disponível em: https://dialnet.unirioja.es/servlet/articulo?codigo=9580147. Acesso em: 2 mar. 2025.

LIMA, EDUARDO CAMPOS.

Padre brasileiro é investigado por insultar LGBTs em homilia. Instituto Humanitas Unisinos, 21 jun. 2021. Disponível em: https://www.ihu.unisinos.br/categorias/610367-padre-brasileiro-e-investigado-por-insultar-lgbts-em-homilia. Acessado em: 13 jan. 2025.

LIMA, LUÍS CORRÊA.

Teologia e os LGBT+: Perspectiva histórica e desafios contemporâneos. Petrópolis: Editora Vozes, 2021.

MARIANNO, LILIA DIAS.

Amor e Terros!: gênero, diversidade e Inclusão nas narrativas bilicas. São Paulo: Eagle Gestão do Conhecimento, 2023.

MORIN, ÉMILE.

Jesus e as estruturas do seu tempo. São Paulo: Paulus, 1988.

NATE DIANA STEVENSON.

Wikipédia: a enciclopédia livre. Disponível em: https://pt.wikipedia.org/wiki/ND_Stevenson. Acesso em: 15 maio 2024.

NIMONA.
Direção: Troy Quane; Nick Bruno. Produção: *Netflix*. Estados Unidos: Netflix, 2023. 1 filme de animação (101 min). Disponível em: https://www.netflix.com. Acesso em: 20 jan. 2024.

OLIVEIRA, LEILA SANTOS DE; FREIRE, VALDICE QUEREM SILVA.
O Suicídio e a Comunidade LGBTQIA+: Um estudo sobre suas possíveis relações. 2021. Monografia (Bacharelado em Psicologia) – Centro Universitário UniAGES, Paripiranga, 2021. Disponível em: https://repositorio-api.animaeducacao.com.br/server/api/core/bitstreams/2ec3854a-3c4f-4d3b-b-839-6fd47f4b8c07/content. Acesso em: 3 mar. 2025.

OLIVEIRA, MANFREDO ARAÚJO DE.
A religião na sociedade urbana e pluralista. 1. ed. São Paulo: Paulus, 2013.

REDE NACIONAL DE GRUPOS CATÓLICOS LGBT.
Disponível em: https://redecatolicoslgbt.com.br/sobre/. Acesso em: 05 mar. 2025.

SOUSA, ALEXIA JADE MACHADO; NOGUEIRA, FRANCISCO JANDER DE SOUSA.
Narrativas de Pessoas LGBTQIA+ Universitárias acerca do Suicídio. *Estudos e Pesquisas em Psicologia*, Rio de Janeiro, v. 22, n. 1, p. 32-49, 2022. Disponível em: https://pepsic.bvsalud.org/pdf/epp/v22n1/1808-4281-epp-22-01-032.pdf. Acessado em: 2 mar. 2025.

4

SORTE OU PROVIDÊNCIA: UMA CHAVE DE LEITURA PARA O *HOBBIT* E O ROMANCE DE JOSÉ

Sandonaity Monteiro Amorim Júnior[1]

Tolkien, sem dúvida, é um autor espetacular, suas fantasias encantam muitos leitores tanto pelo rico mundo que ele subcriou, a Terra-Média, quanto pela coesão interna de suas obras. Dentre as narrativas deste autor, uma atrai naturalmente os olhos dos leitores audazes: *O Hobbit* (1998). Assim como em outros livros de Tolkien, nesse também há muitos temas de profundo teor teológico, mesmo que talvez não tenha sido a intenção inicial do autor trabalhar tais temas. O importante é que Tolkien desenvolveu questões em suas narrativas que dialogam com muitas realidades da fé cristã. Sem muito esforço, é possível ver, por exemplo, nas entrelinhas das histórias da Terra-Média temas como: a providência, o livre-arbítrio e questões sobre a existência do mal.

Essas mesmas querelas teológicas são desenvolvidas em muitas narrativas bíblicas, entretanto, existe uma dentre elas que consegue encontrar muitos paralelos teológicos e estruturais com *O Hobbit*: o romance de José. Este romance aparece no final do livro do Gênesis e apresenta uma estrutura rica em temáticas filosóficas, antropológicas e psicológicas. Esse mesmo romance é um dos primeiros da Bíblia a exemplificar o papel da providência dentro do curso natural da história humana, além disso, nessa intrigante história se encontram debates sobre outras questões, como: a existência do mal e a possibilidade do livre arbítrio. Ou seja, são as mesmas temáticas que o livro de Tolkien trabalha. Por esses e outros motivos,

1 Graduado em filosofia pela Faculdade Católica de Fortaleza (FCF). Graduando em psicologia e teologia pela UniCatólica do Rio Grande do Norte. Pós-Graduando em Neuropsicologia pela UniCatólica do RN. E-mail: sandonaity@gmail.com.

essas duas narrativas podem manter um diálogo vivo e empolgante sobre temas tão complexos.

Desse modo, sabendo quais serão os conteúdos basilares do diálogo entre esses dois textos, se deve entender como estará orquestrada a discussão ao longo deste trabalho. Primeiramente, será debatido sobre a importância do romance de José dentro da Bíblia, aqui serão elencados pontos essenciais dessa narrativa para o curso desse debate. Em seguida, se desenvolverá alguns conceitos, como: providência, livre-arbítrio e a existência do mal, logo depois será discutido sobre como tais conceitos são trabalhados dentro do romance de José. Antes de adentrar na análise do livro de Tolkien, será desenvolvido um breve debate sobre a importância e relação dos sonhos dentro do texto bíblico aqui escolhido e o tema da providência.

A segunda parte deste escrito se voltará mais para o livro do *O Hobbit* e, do mesmo modo, tentará mostrar como estes mesmos temas são trabalhados nele. Tudo isso tem o objetivo claro de mostrar que assim como ocorre nestas histórias, a vida factual do ser humano pode ser alvo de forças misteriosas, que muitos chamam de sorte, mas para as pessoas de fé, essa força invisível que rege a história humana é a providência divina.

A história de José do Egito e o papel da Providência

Dentre as histórias bíblicas, existem algumas que atraem para si mais atenção, e uma dessas histórias é o romance de José do Egito. Essa narrativa aparece no final do livro do Gênesis, é o terceiro complexo narrativo desse livro e tem seu início no capítulo 37 e termina no capítulo 50. São 14 capítulos de uma trama muito bem escrita, com profunda coesão interna, isto por si só já é digno de nota, já que muitos dos textos bíblicos apresentam muitas discrepâncias redacionais. Além disso, diferente de muitos escritos canônicos, esse romance apresenta o poder divino de maneira muito sutil, quase imperceptível, em outras palavras, não há quase nenhuma teofania explícita nessa história.

Apenas os olhos da fé conseguem ver, nas entrelinhas, indícios de uma ação divina ao longo de toda a narrativa. Um exemplo claro da sutileza das manifestações de Deus nesse enredo é a aparição rápida e simplória de um estrangeiro em Gn 37, 13-17 (Bíblia, 2002). Esse homem, sem identidade, está no local exato onde deveriam estar os irmãos de José, e mesmo sem ser interrogado primeiro, ele é quem chega a José e o interroga e depois aponta o caminho a ser seguido por este até seus irmãos, já que esse era o seu desejo. O texto não fala que esse homem é Deus, mas também não diz que não seja ele, entretanto, algumas questões poderiam surgir aqui: como este homem poderia saber quem são os irmãos de José e em qual local eles se encontravam? Ou como ele sabia que José queria ir até seus irmãos? De qualquer modo, mesmo sem aparecer novamente nessa história, sua rápida intervenção é importantíssima para o desenrolar do final desse romance (Wénin, 2011).

Antes de aprofundar a questão acerca da presença de Deus nesse enredo, é importante concluir a análise sobre a profunda unidade literária deste texto, já que isso é um fato raro nos escritos, principalmente no pentateuco. Primeiramente, é importante explanar que a história de José do Egito é vista como tendo um único autor na sua versão inicial, claro que posteriormente essa narrativa foi sendo alterada ou editada, e acerca dessas edições posteriores, os escritores Clifford *et al* (2013, p.114) comentam o seguinte: há uma evidente tradição sacerdotal (P) influenciando algumas passagens do romance de José, "especialmente nos capítulos 46-50". Ainda sobre a unidade literária dessa história, é importante destacar que: existe um contraste evidente entre as histórias patriarcais anteriores e a narrativa de José.

> As primeiras formam um ciclo ou uma cadeia de unidades independentes relativamente pequenas. São formadas por peças derivadas do culto ou lugares sagrados locais. Por outro lado, a história de José tem um enredo continuo. (Clifford *et al*, 2013, p. 114)

O único momento em que a história parece abrir um parêntesis é em Gn 38,1-39 (Bíblia, 2002), quando a narrativa passa a contar a história de Judá e Tamar, entretanto, até mesmo esse fato pode encontrar sentido dentro do toda a história, segundo Wénin (2011).

Acerca da história em si, o que se pode dizer, de forma resumida, é que o romance de José é construído sobre uma trama familiar, que no início, apresenta um rompimento nos laços de fraternidade, pois um dos irmãos é traído pelos demais e é levado à uma terra estrangeira. Este mesmo irmão, após longos anos, de alguma forma ascende a um cargo muito importante no Egito. Por fim, o clímax dessa história ocorre quando sua família começa a passar por muitas necessidades, e, sem saber, encontrará as respostas para seus problemas em José, que naquele momento já era o braço direito do faraó.

O irmão, que um dia foi rejeitado por sua família, passa a ser o salvador dela, não só dela, mas de toda a região de Canaã e do Egito, ou melhor do mundo conhecido. Sobre esse fato, Wénin (2011, p.15-16) relata o seguinte: "podemos considerar a história de José como uma espécie de reflexão narrativa sobre a fraternidade entre as pessoas humanas". Esse autor ainda relata que o grande empecilho para o desenvolvimento de relações verdadeiramente humanas é a cobiça, pois "quem é tomado pela cobiça vê no outro um objeto de posse, de manipulação, um instrumento do qual se utiliza para conseguir o que deseja, ou ainda um concorrente que deve neutralizar" (p. 20). É interessante notar que essa reflexão sobre a cobiça também se faz presente na história do *O Hobbit*, mas isso só será analisado posteriormente.

Como se pode observar, um dos nomes de destaque da narrativa é José, apesar de que o início do capítulo 37 do livro do Gênesis (Bíblia, 2002) apresenta esse escrito como sendo a história ou a *tôledot* (termo que designa a origem ou geração de uma família) de Jacó, o pai de José. Nesse momento, é preciso destacar que, quando o romance de José inicia, Jacó já é um homem idoso, é visto como um homem que perdeu o poder sobre seu próprio destino, é um patriarca que perde não só um filho no início do enredo, mas também perde a esperança, perde o poder de sonhar. De toda forma, apesar de ser um homem velho, Jacó não morre logo, sua morte é narrada pouco antes da morte de José, entre o final do capitulo 49 e o início do 50 do livro do Gênesis, tempo suficiente para ele ver reacender a esperança que há muito havia perdido, pois tudo que Jacó perde é restituído através do retorno de José, que consigo traz a reconciliação da família e a esperança de dias melhores. Em seu discurso, perto da morte, Jacó apresenta o que pode ser entendido como o seu testamento, ele distribui algumas benções e é sobre José que recai as palavras mais belas, isto que pode ser entendido como o maior dos prêmios, talvez como recompensa por tudo que ele havia realizado.

Quando se analisa o romance de José dentro das narrativas anteriores dos patriarcas, é, no mínimo, curioso observar, também, que a promessa que Deus fez à Abraão de uma terra e uma grande descendência é entendida na história de José sobre outro ângulo (Clifford *et al*, 2013), já que, para salvar sua família e toda uma nação, José teve que sair da sua terra e do seu contexto familiar e ir até o Egito. Outra curiosidade relevante é que dentro da história global da Bíblia, mais especificadamente dentro do contexto da Torah (os cinco primeiros livros da Bíblia), o romance de José serve para explicar o porquê ou como o povo de Deus foi parar no Egito, este dado é importantíssimo, pois liga o livro do Gênesis, mais especificadamente a história dos patriarcas, ao livro seguinte: o livro do Êxodo. Apesar de que no livro do Êxodo, o Egito passa a ser tratado como a casa de escravidão, mas o importante é que na história de José, o Egito é uma terra de acolhida (Uehlinger, 2010, p. 196).

Ao longo da narrativa, é possível ver o quanto os personagens vão ganhando profundidade psicológica e como Deus vai agindo de forma muito velada. Sobre a ação de Deus nesse romance, Clifford *et al* (2013, p. 115) afirmam o seguinte: "[...] na maior parte da história, a ação de Deus é caracterizada radicalmente por sigilo, distância e irreconhecibilidade. Esse sigilo é quebrado de uma forma dramática em Gn 45,5-8 e 50,20."

Esse breve momento no final do romance serve apenas para mostrar que Deus sempre esteve no controle de tudo, que sua providência guiava cada momento da história. É importante deixar claro que a ação providente de Deus ocorre mesmo quando o próprio José não chega a realizar nenhuma oração. Ora, na maior parte da história, José nem mesmo se apresenta como um homem de muita piedade religiosa (Uehlinger, 2010). Apenas no final da narrativa é possível observar o caráter religioso de José, que "lê em sua aventura a ação de Deus" (Wénin, 2011, p. 111). De qualquer modo, o importante é constatar que Deus se utiliza de José para guiar toda a história de Israel, em outras palavras, uma simples pessoa nas mãos de Deus pode mudar a história de um povo, de uma nação, do mundo.

Na história de José, fica evidente algo que faz parte da fé do povo de Israel: a autoconsciência de Israel como um sinal sagrado para as demais nações. O povo de Israel passa a acreditar que foi escolhido pelo próprio Deus para guiar os demais povos, incluindo-os no plano salvífico que este Deus oferece a todos. Ora, quando José vai para o Egito, ele não só apresenta o Deus de Israel, como também interfere de modo positivo na vida daquela nação estrangeira. Em suma, Deus se preocupa com toda a sua criação e seus planos são muito mais abrangentes do que qualquer criatura pode imaginar.

É crucial entender que, nos desígnios divinos, cuidar da criação é parte integrante do ato de criá-la. Esse governo e sustentação da criação podem ser observados na própria história do povo de Deus, desde a interferência divina durante o êxodo até a caminhada no deserto, a chegada à terra prometida e a aliança no Sinai. Especificamente, várias passagens bíblicas ilustram essa atividade de Deus em relação ao seu povo: como em Êxodo 34,10; Números 16,30; Isaías 43,1; 15; 47,7; 48,7; 54,16 e 57,19. Além disso, outras passagens destacam a intervenção de Deus em relação a outras nações, como em Isaías 7,18; 10,5-14 e Amós 9,7, entre outras (Born, 1977).

Em resumo, essas passagens enfatizam que tanto a história de Israel quanto a de outras nações possuem uma dimensão teleológica profundamente enraizada na teologia da providência. Essas duas realidades estão intrinsecamente ligadas à compreensão do conceito de providência: a ação divina na história é o que confere sentido e valor à trajetória da humanidade (Eicher, 1993).

Providência, liberdade e a existência do mal

Entender o que é a providência é a chave de leitura para o romance de José, pois ela está presente em todos os momentos da história, sejam eles bons ou ruins. Nessa perspectiva, em Gn 50,20, aparece uma afirmação feita pelo próprio José, mas que na verdade é um fato já muito bem exposto ao longo de todo o enredo, isto é, a providência divina foi capaz de se utilizar até mesmo de momentos ruins e dos pecados dos homens para conduzir a história a um desfecho surpreendente. Nesse sentido, segundo Uehlinger (2010, p.211):

> [...] aquilo que pode parecer, em uma visão superficial, um mal – e tanto mais quanto este resulta efetivamente de um ato culpável, como era o caso da rejeição de José por seus irmãos – pode muito bem, definitivamente e pelo viés da divina providência, produzir o bem e aumentar [...] a vida.

Aqui, pode surgir a seguinte questão: há como fugir dos laços da providência, já que até o mal pode ser uma ferramenta para a realização de seus planos? Ora, foi a tentativa de evitar a realização dos sonhos de José que levou seus irmãos a planejarem sua morte, mas também foi exatamente essa tentativa de matá-lo que culminou na realização dos sonhos de José (Wénin, 2011).

O tema da providência dentro da questão da existência do mal e do livre arbítrio foi muito bem analisado por Tomás de Aquino (2016, p. 187). Segundo ele, tudo o que existe possui um fim (finalidade) e "todos os seres estão sujeitos à divina providência, não só universal, mas também singularmente". Para esse filósofo, os seres podem até fugir da sua natureza particular ao se corromperem, mas ainda assim continuam participando da ordem universal, pois "o defeito de um ser contribui para o bem de outro, ou mesmo de todo o universo" (p.188). Em outras palavras, para a existência de alguns bens, é necessária a existência de alguns "males".

Todavia, antes de culpar Deus por permitir que existam esses males, deve-se levar em consideração o pensamento de Agostinho (*apud* Aquino 2016, p. 188): "Deus onipotente de nenhum modo permitiria o mal nas suas obras se não fosse tão poderoso e bom, para tirar o bem, mesmo do mal". Nessa mesma perspectiva, outro fato a ser destacado quando se analisa a presença do mal em meio às ações da providência, é que Deus, mesmo não poupando sua criação das adversidades, se une a quem sofre para favorecê-la (Wénin, 2011). Se sua obra sofre, Deus sofre também, pois a ama.

Essa ideia do mal como um caminho pelo qual a providência pode agir deve ser um pouco mais analisada, primeiro para deixar claro que isso não quer dizer que Deus não leve à justiça o povo ou o homem que agiu mal, pois a providência não retira do homem a sua liberdade e, consequentemente, a responsabilidade por seus atos. A teologia deuteronomista trabalha muito bem isso quando interpreta:

> toda a história de Israel à luz da providência divina, a qual, através dos acontecimentos históricos, remunerava ou punia Israel à medida que observava ou transgredia as determinações da Aliança (Jz 2,11-15; 3,7s,12; 4,1; 1Sm 4-6; 1Rs 13,33ss; 14,22-24; 15,1-4) (Born, 1977, p. 1235).

Seguindo essa lógica deuteronomista, a fidelidade a Deus pode ser vista como uma resposta à escolha e proteção de Deus por nós, já a falta de confiança nos planos de Deus é caracterizada por infidelidade. Ou seja, mesmo que exista uma providência e que isso signifique que há um Plano para o universo, isso não quer dizer que as ações humanas sejam determinadas por essa providência, o homem continua sendo livre para, caso queira, rejeitar esse plano divino, mas, segundo Tomás de Aquino (2016), o homem que resolve ser fiel a Deus e busca viver conforme a vontade divina é um homem prudente, pois é do querer da vontade divina guiar tudo para o bem, que em última instância é o próprio Deus.

Outro ponto que gerou muitos conflitos no Antigo Testamento foi a dificuldade em distinguir entre o que era fruto da liberdade humana e o que era ação de Deus, muitas vezes se atribuía a Deus a responsabilidade por algo que, na verdade, havia sido causado pelo ser humano, e esse contratempo será resolvido no Novo Testamento com Jesus Cristo, que se revela como sendo a providência encarnada, a vontade de Deus. Acerca da divina providência e sua relação com a figura de Jesus, os padres da Igreja afirmam o seguinte:

> [...] a sabedoria pedagógica da providência divina, que se adequa à capacidade de compreensão dos homens, leva gradualmente ao conhecimento da verdade e, em consequência, à consumação da história. A energia propriamente dita da providência, o logos, é Jesus Cristo [...] (Eicher, 1993, p.730).

Apesar da providência divina ser algo bem evidente no romance de José, esse termo não chega a aparecer em nenhum momento durante toda a história. Na verdade, esse é um termo raro em toda a Bíblia, ele aparece na septuaginta apenas uma vez em Sb 14,3, "cujo autor está impregnado de cultura helenística" (Monloubou; Du Buit, 2003, p. 655). Tal termo tem sua origem no pensamento filosófico e na literatura grega. No hebraico, o termo *'esa* é o que mais se aproxima do conceito de providência, mas é no grego que se encontra o termo *prónoia* (termo muito ligado à filosofia estoica), que dá origem ao vocábulo latino *providentia* (Berlejung; Frevel, 2011).

Sobre a relação da providência com a filosofia, é interessante ver como, desde a filosofia pré-socrática, já havia o entendimento da necessidade da existência de alguma força mantenedora do universo. Ora, com a contemplação da natureza e com a vontade de interpretar o mundo e compreender a ordem do universo, esses primeiros filósofos começaram a creditar que o universo é tão bem organizado que parece existir uma força guiando tudo em direção a um propósito final. Ou seja, há, já aqui, o entendimento de que algo se preocupa com o ordenamento das coisas, com o Bem do cosmo. Posteriormente, dar-se-á com a fé judaico-cristã o nome de providência a essa força que guia o universo. É importante ressaltar que para não cair no panteísmo, não se pode dizer que essa providência seja imanente ao mundo; essa força, segundo a teologia judaico-cristã, é exterior ao mundo e é um agir filantrópico, pois a ação de Deus na história é por puro amor (Eicher, 1993).

Mesmo não aparecendo de forma clara o vocábulo "providência" em quase nenhuma parte da Bíblia, o povo de Deus tem a convicção de que este se interessa por sua criação e guia ela no melhor caminho possível, ou seja, já faz parte da essência da fé do povo de Israel a ideia de providência, isto leva a perceber, também, que só se pode falar sobre providência sob o pressuposto de um ato de fé. Ademais, a providência pode ser conceituada como o cuidado afetuoso de Deus por bons/justos e maus/injustos, é ela quem consola e anima, enchendo de esperança aqueles que acreditam nela, pois, para estes, "a ordem presente pode sempre ser suspensa por uma intervenção divina" (Lacoste, 2004, p. 1415). A referência a tal cuidado aparece por diversas vezes ao longo dos escritos canônicos da Bíblia: Sl 104; Sl 33; Sl 37; Mt 6,33-34; Mt 5,45; 1Tm 2,4, dentre outros.

A Providência e os sonhos

Ao longo do romance de José, a ação de Deus aparece de diversos modos, mas os sonhos ganham um destaque nesta trama, pois é principalmente através deles que Deus guiará essa história. Segundo Clifford *et al* (2013), os sonhos são importantes não só neste romance, mas também para todo o Oriente Médio. Se o sonho fosse de um rei, era ainda mais importante, pois indicava uma proximidade dessa pessoa com a divindade. Maior proximidade com a divindade é vista nas pessoas que são capazes de interpretar os sonhos, por isso que José ganha notoriedade na sociedade e as graças do faraó depois que interpreta corretamente os sonhos dele e de seus servos. Nesse sentido, é interessante observar que, em hebraico, o verbo *halam* pode significar tanto o verbo "sonhar" quanto os termos "ser forte" e "poderoso", ou seja, os sonhos podem ser um indicio da potência do sonhador.

Entretanto, pelo menos na Bíblia, é importante ter cautela ao afirmar que os sonhos são algum tipo de mensagem divina, pois nem sempre isso é verdade, ver, por exemplo, Deuteronômio 13,2.4; Jeremias 23,25.28; Jó 20,8; Eclesiástico 34,1-8. Há, ainda, alguns estudiosos que afirmam que os antigos, muitas vezes, viam um certo potencial maléfico nos sonhos, talvez seja por isso que o faraó estava tão preocupado com a interpretação dos seus sonhos, já que interpretar os sonhos era visto como uma forma de domar essas forças maléficas antes que elas se voltassem contra o sonhador (Wénin, 2011).

Todavia, é cabível ressaltar que o poder e a habilidade de José de interpretar os sonhos não é mérito próprio, mas dom de Deus (Gn 40,8 e 41,16.25), ou seja, o mesmo Deus que oferta os sonhos também se utiliza de José para interpretá-los às pessoas. Desse modo, a chave de leitura primordial é perceber o papel da divina providência nesta história, que é vista entrelaçada com a ação reveladora e inspiradora de Deus. O dom de interpretar os sonhos que José faz com que ele seja capaz de manipular as pessoas sem precisar do uso da violência (Uehlinger, 2010, p. 195). Aqui, se pode levar a seguinte questão: Sendo José um hábil intérprete de sonhos, por que ele não interpretou seus próprios sonhos no início da narrativa? Isso não fica explícito no texto. O que o texto mostra é que fica a cargo de Jacó e dos irmãos de José a interpretação desses sonhos, mas é evidente que seus irmãos e seu pai não conseguiram compreender tais sonhos, talvez a inveja e o ódio que eles sentiam os tivessem privando dessa habilidade. No fim, essa falta de compreensão só serviu para causar mais discórdia entre eles.

Apesar de José ver em seus dons de interpretar os sonhos a mão de Deus, o narrador, que, aparentemente, é onisciente nesta história, não deixa claro se essa conclusão de José é plausível. Segundo Wénin (2011, p. 279), "quando alguém como José se arrisca a ler o traço de Deus em sua própria história, o narrador onisciente escolhe a discrição mais extrema, como para sugerir que ninguém jamais terá autoridade suficiente para lhe dar razão ou não." Essa mesma reflexão vale para a narrativa do *O Hobbit*, que será analisada posteriormente, já que também lá o narrador não se manifestou a esse respeito abertamente.

Também é importante notar que o fato de José atribuir a Deus a interpretação dos sonhos retira da instância humana a responsabilidade sobre as consequências da interpretação. Talvez seja por isso que José se apressa em logo afirmar que não possui essa habilidade por mérito próprio, ou talvez ele faça isso por saber que "[...] [um] conselho é um presente perigoso, mesmo que de um sábio para outro. [...] Uma parte de dar um conselho do tipo 'presente perigoso' é estar disposto a aguentar a pressão do que virá a acontecer depois" (Smith, 2012, p. 105). Por fim, mais um ponto atrai a atenção do leitor atento: como pode o faraó acolher rapidamente a interpretação que José fez de seus sonhos? Como o faraó saberia que aquela era a interpretação certa? Até porque José é um hebreu, um estrangeiro, alguém sem muitos prestígios naquela região. Essas questões não ficam bem esclarecidas, entretanto não seria errado afirmar que, provavelmente, a providência estaria guiando até mesmo a intuição do faraó.

Em todo caso, o papel dos sonhos dentro do romance de José serve ainda para dividir essa história em duas partes. Na primeira, José é um interprete de sonhos e fica assim até ganhar notoriedade suficiente para interpretar os sonhos do faraó, que depois o recompensará com um cargo de grande importância. Já a segunda parte da história apresenta o José que deixa um pouco de ser intérprete de sonhos para ser ele mesmo sonhador (Uehlinger, 2010, p.203), sendo seu maior sonho reunir novamente sua família para celebrar a vida (Wénin, 2011).

Ainda analisando o papel dos sonhos no romance de José, se deve levar em consideração que os sonhos como sendo ferramentas da providência, que fazem germinar a esperança, isto fica mais espetacular ao se observar que quando José se tornar um sonhador, seus sonhos não são individuais, mas se mesclam com os sonhos e as esperanças de todo um povo. Em síntese, a firme confiança deve encontrar fundamento na providência, sendo assim, quando o faraó passa a confiar em José e nas interpretações que ele oferece aos seus sonhos, ele está depositando uma confiança inconsciente em Deus e na sua ação providente. Nesse sentido, também é plausível concluir que o faraó, mesmo sem saber, passa a ser colaborador da providência. Aqui, faz sentido a seguinte afirmação: "se a providência firma o homem na esperança, também exige dele que seja seu colaborador." (Léon-Duforur, 2005, p. 844). Quem confia na ação providencial de Deus não pode ser um ser passivo, mas é chamado a agir em colaboração com os planos divinos.

A ação de um ser misterioso em "O Hobbit"

a presença de um ser supremo guiando a história dentro das narrativas bíblicas não causa muito espanto, mas a situação fica intrigante quando se observa que uma mão invisível está por trás de muitos acontecimentos dentro de uma história fora do contexto bíblico. É certo que o livro *O Hobbit*, de Tolkien (1998), é uma narrativa do gênero fantasia, entretanto, mesmo entre os livros de fantasia, não é tão comum encontrar ações de um ser supremo de forma tão velada e tão determinante para o enredo, como é possível encontrar em *O Hobbit*. Durante a leitura rápida desse livro, não é possível observar claramente a mão providencial de nenhum ser, somente olhos muito apurados conseguiram constatar que a pura coincidência dos fatos não pode ser a resposta para o desfecho dessa história.

Tolkien é muito perspicaz ao não afirmar abertamente se existe ou não uma força providencial por trás das aventuras de Bilbo Bolseiro e seus amigos. Todavia, o autor deixa, ao longo do enredo, muitas migalhas para que o leitor atento consiga constatar por si só, que algo minimamente estranho (no bom sentido) ocorre nestas aventuras. O termo "sorte", por exemplo, aparece cerca de trinta vezes durante toda a história, além deste, outros termos correlacionados também podem ser vistos, tais como: acidente, milagre, fortuna. Acerca do termo sorte, é importante evidenciar que ele geralmente aparece ligado à Bilbo (protagonista da história). Outro ponto interessante para ser destacado é que as aparições desses termos começam com o início das aventuras e, ao que parece, quanto mais próximo do fim da história, mais recorrentes eles são, mas por que será? Seria por que quanto mais próximo do fim, mais os personagens necessitariam do auxilio dessa força invisível?

Ao se analisar o conceito de sorte na filosofia antiga, se encontram duas definições particularmente interessantes. Para o filósofo Sêneca, "a sorte é o encontro do conhecimento com o preparo". Ao afirmar tal coisa, tal filósofo coloca todos os méritos nas mãos da criatura, mas propriamente do homem. "Isso pode ser verdade para os estoicos, mas aparentemente não é para os hobbits" (Jensen, 2012, p. 203). Todavia, Aristóteles prefere propor outro conceito para o temo sorte: segundo ele, sorte é uma coincidência de causas, ou seja, para esse pensador, a sorte é fruto da aleatoriedade. Desse modo, ele afirma que as criaturas não fazem sua própria sorte.

Não fica claro o porquê que Tolkien usa a palavra sorte durante a maior parte da história para fazer referência às coincidências dos fatos, talvez seja porque os próprios personagens não têm consciência dessa ação providencial, mas no final do último capítulo do *O Hobbit* Gandalf, um importante personagem desse enredo, afirma sabiamente para Bilbo que nunca foi sorte a resposta para as conquistas dele e de seus amigos:

> Você não acha, não e mesmo, que todas as suas aventuras e fugas foram conseguidas por mera sorte, apenas para seu próprio benefício? Você é uma ótima pessoa, Sr. Bolseiro, e gosto muito de você; mas afinal de contas, você é apenas uma pessoazinha neste mundo enorme! (Tolkien, 1998, p. 296).

Assim como José, no final de sua história, aqui, Gandalf também reconhece que não há motivos para se envaidecer em cima dos maravilhosos fatos ocorridos, pois o mérito por tudo que ocorreu não é puramente humano, mas há o papel primordial de alguma coisa que pode ser chamada de divina. Ainda nesse sentido, em *O Senhor dos Anéis* (Tolkien, 2001) é relatado que:

> quando o mago descobre a verdadeira natureza do anel no começo" da história, "ele diz: 'não posso dizer de modo mais direto: Bilbo estava designado a encontrar o anel, e não por quem o fez'. Se Bilbo estava designado a encontrar o Anel, se algum poder estava agindo nos bastidores para arranjar esse resultado, então o maior episódio de 'sorte' na vida de Bilbo acaba não dependendo de sorte alguma. (Sterling, 2012, p. 219)

Em alguns momentos durante a leitura do *O Hobbit*, se pode achar realmente que Gandalf é o único que sabe da existência dessa força providencial, chega a parecer até que ele se comunica diretamente com essa força, mas não é bem assim. Pode até haver alguma afinidade entre Gandalf e essa misteriosa mão invisível, talvez porque, como é apresentado no livro *O Silmarillion* (Tolkien, 2019), Gandalf é um dos seres mais antigos criados pelo Deus supremo Iluvatar (ou Eru), e por isso tende a possuir uma conexão mais íntima com essa divindade. Essa proximidade do mago com a criação da Terra-Média é um fato extremamente relevante, pois o deixa próximo temporalmente da criação da "Grande Música", cantada e ensinada por Iluvatar para os Valar (seres angelicais). Essa canção contém todos os desígnios providenciais desse Deus para sua criação. Em outras palavras, "a música expressava o projeto da criação, a providência e o interior de Ilúvatar [...]. A música é paralela à personificação da Sabedoria em um dos mais belos trechos da Bíblia, no capítulo 8 de Provérbios" (Duriez, 2018, p. 153).

De todo modo, Gandalf não sabe qual será o fim de nenhuma aventura, isso fica claro quando nem os anões, nem Bilbo, nem mesmo Gandalf sabiam que as águias iriam estar voando perto do local onde eles precisariam de ajuda para escapar dos lobos e dos orcs. Será que foi sorte? Ou foi providencial? O importante é que, no fim, o mago é o que aparenta ter mais confiança nessa força misteriosa que os guia em suas jornadas.

Providência, salvação individual e coletiva

É interessante analisar, ainda, que há momentos onde miraculosamente Bilbo e seus amigos conseguiram escapar de grandes conflitos e privam outras pessoas de sofrerem grandes males. Um exemplo claro disso é exatamente esse momento que os orcs e os lobos encontram o grupo dos anões, Bilbo e Gandalf, pois naquele momento, os lobos estavam indo se reunir para planejar ataques aos vilarejos da redondeza e, por "coincidência", essa reunião foi atrapalhada pelos aventureiros e pelas águias, e não houve ataques naquela região por algum tempo. Outro exemplo é o momento em que Bilbo e os anões se encontram com os trolls, que viraram pedra após o sol aparecer, ao conseguirem acabar com o mal que aqueles trolls representavam, Gandalf e seus amigos livraram toda aquela região do sofrimento que os atormentava.

Sendo assim, a história do *O Hobbit* chama a atenção para o fato de que a ação de uma mão invisível está sempre visando o bem individual e coletivo concomitantemente. Nessa perspectiva, é possível concluir isso também quando se analisa a história como um todo, que começa com um propósito privado de um grupo: derrotar Smaug e reivindicar o tesouro roubado por ele, todavia a morte do dragão representa, também, um benefício para toda aquela região que há muito tempo sofria com a desolação causada por Smaug, pois ele havia sufocado a vida daquela região. Aqui, se encontra mais um ponto de intercessão entre a história de

José e essa narrativa de Tolkien, já que assim como em José, no *O Hobbit*, é perceptível a preocupação ou o interesse dessa força providencial com o bem de toda a criação.

Outro fato que pode ser concluído é que todo o enredo está conectado e que nenhuma aventura foi em vão. Ora, as espadas encontradas no tesouro dos trolls foram de grande valia para a vitória em cima dos orcs. Isso faz constatar ainda mais que algo os guiava, algo que mesmo oculto estava sempre presente, conduzindo-os e protegendo-os. Essa misteriosa providência demonstra sua sabedoria até mesmo na hora que Bilbo é escolhido como o último integrante do grupo que iria enfrentar Smaug. Bilbo é, sem dúvida, a pessoa certa para essa jornada e, ao que parece, Gandalf é o único que percebe isso desde o início, até mesmo antes do próprio Bilbo. Esse jovem hobbit é a união perfeita de um ser prudente e audacioso, talvez fruto de sua dupla personalidade: Bolseira e Tûk (Olsen, 2012). Bilbo é, sem dúvida, um ser intrigante, e Duriez (2018) chega a relatar, nessa mesma perspectiva, que ele é um ser oximoro, é um ser perfeito justamente por ser paradoxal. Ora, Bilbo é um ladrão ao mesmo tempo em que é um homem íntegro.

A questão da liberdade

A liberdade dos personagens é algo também muito evidente. Cada personagem se apresenta como sendo livre para escolher participar das aventuras e até mesmo é livre para voltar atrás em suas escolhas. Bilbo poderia ter dito não ao chamado de Gandalf e dos anões, como também poderia ter voltado para casa logo após a primeira dificuldade. Nesse sentido, essa possível sabedoria divina que guia tanto a história de José quanto a história de Bilbo necessita se entrelaçar com a liberdade humana (Wénin, 2011).

Em síntese, a ação de uma força providencial não retira o poder que cada um tem para seguir o próprio caminho. Entretanto, é bastante claro que quando eles se deixam ser conduzidos por essa força misteriosa, a liberdade individual de cada um deles deve se vincular com a vontade dessa providência. Segundo Olsen (2012, p. 60), quando livre-arbítrio e vontade divina se entrelaçam, é possível pensar até mesmo que esses aventureiros passam a ser instrumentos de uma divindade:

> [...] podemos começar a suspeitar que a aventura de Bilbo está sendo orquestrada por algum poder além da feitiçaria de Gandalf, o Cinzento, ou da sabedoria de Elrond de Rivwndell. Eles próprios, claro, também se convertem em instrumentos dessa profecia, já que foi Gandalf que entregou o mapa e a chave para Thorin e foi Elrond que, por acaso, segurou o mapa contra a luz da lua na hora certa do dia certo.

De todo modo, o importante é não se esquecer que não é porque os anões e Bilbo parecem estar sendo guiados por um plano muito maior que eles, que estes aventureiros não precisaram mostrar sua coragem e engenhosidade, até porque nenhuma força misteriosa disse para eles o que era certo ou errado, isso eles foram descobrindo aos poucos. Nesse sentido, "se Bilbo é um instrumento de algum destino ou sorte, ainda tem um papel muito ativo a desempenhar para trazer aquele destino à fruição" (Olsen, 2012, p. 134).[2] E mesmo Bilbo ou José não teriam conseguido chegar ao fim das suas aventuras sozinhos, muitas vezes o que estes dois personagens fizeram foi apenas abrir um caminho para que outros pudessem encontrar a sua salvação. Em síntese, a vitória sobre o mal é fruto de um trabalho conjunto.

Bilbo x Gollum

Por diversas vezes, o vínculo desses aventureiros a essa providência é posto à prova, o próprio Bilbo passa por alguns momentos onde até sua integridade moral é questionada. A situação mais clara, nesse sentido, é quando Bilbo se encontra pela primeira vez com Gollum. Nesse momento, esse jovem hobbit está isolado de seus amigos, "abandonado à própria sorte na escuridão sem nada e nem ninguém para recorrer, ele não só sobreviveu como também manteve a integridade moral, recusando-se a deixar que sua situação desesperadora justificasse ações cruéis" (Olsen, 2012, p. 95). Aqui, se percebe outro paralelo entre a história do *O Hobbit* e

2 Para um maior aprofundamento sobre como o livre-arbítrio consegue dialogar com a providência em *O Hobbit* ler: STERLING, Grant. A consolação de Bilbo: providência e livre-arbítrio na terra-média. In: BASSHAM, Gregory; BRONSON, Eric (Org.). *O Hobbit e a Filosofia*: Para quando você tiver perdido seus anões, seu mago e seu caminho. Rio de Janeiro: BestSeller, 2012, p. 217-228.

o romance de José, pois nessas duas narrativas, os aparentes protagonistas teriam motivos para se deixarem serem conduzidos por uma conduta vingativa, mas preferem guardar o poder que possuíam para colaborar com o bem, com a providência.

Ainda sobre o encontro entre Bilbo e Gollum, é imprescindível destacar que ele pode ser visto como o encontro entre os dois extremos de uma vida, naquele se vê um ser que se deixou ser conduzido pela providência, enquanto neste o que se consegue perceber são as consequências de uma vida após sucessivas escolhas desastrosas fundamentadas puramente no dom do próprio livre-arbítrio. De qualquer modo, como foi possível perceber na história de José, a providência consegue se utilizar até mesmo do mal e transformá-lo em bem.

O simples fato de Bilbo não ter matado Gollum no seu primeiro encontro com ele, desencadeia uma sequência de acontecimentos que, no fim da história, desemboca na vitória sobre o grande mal que ameaçava devastar a Terra-média em *O Senhor dos Anéis* (Tolkien, 2001). Sauron (o responsável por construir o anel do poder que estava com Gollum e depois passou para Bilbo e, por fim, para Frodo, seu sobrinho) é derrotado de uma vez por todas quando Gollum pega o anel do poder e se joga com ele no centro da montanha da perdição.

Nesse contexto, é importante relatar o que Gandalf fala para Frodo quando este acreditava que o grande erro de Bilbo foi não ter matado Gollum quando ele teve a chance. Segundo o mago, nem mesmo os mais sábios conseguem compreender o papel de todos os seres dentro dos planos misteriosos dessa força providencial, sendo ela responsável por dar a vida, só ela deveria ser a detentora do poder de tirá-la (Tolkien, 2001), mesmo que, por muitas vezes, isso não aconteça, já que há muitas intervenções precipitadas na história de outras vontades particulares.

Enfim, no final do livro *O Senhor dos Anéis* (Tolkien, 2001), fica mais evidente qual o papel de Gollum em tudo isso, pois foi ele o responsável por destruir a causa de tantos males: o anel. Infelizmente, o fim do anel é também o fim de Gollum que se perde em sua cobiça. No fim, o essencial é saber que essa força misteriosa age "na retidão e na culpabilidade, na verdade e na mentira, no ódio e na violência, no amor e na sabedoria e talvez até mesmo na cobiça incapaz de sufocar completamente o desejo autêntico que ela fagocita" (Wénin, 2011).

Bilbo também sonha

Um ponto marcante no romance de José é o dom dele de prever o futuro através de seus sonhos, além, é claro, de conseguir interpretar os sonhos de outras pessoas. Ao que parece, Bilbo também possui esse dom, talvez porque essas duas figuras mantenham uma afinidade com essa força invisível que guia a história de seus mundos. Um dos momentos em que fica mais perceptível esse dom de Bilbo é quando ele sonha com o ataque dos orcs das montanhas momentos antes de realmente serem atacados pelos orcs (Tolkien, 1998, p. 60). Essa espécie de premonição que o hobbit teve foi determinante para que Gandalf conseguisse escapar e pouco depois auxiliar os aventureiros a também fugirem dos orcs.

A importância da fantasia

Muitas vezes, histórias como essa de Tolkien ou mesmo o romance novela de José do Egito são desprezadas pelos estudiosos modernos como enredos teológicos e filosóficos, talvez seja pelo fato de que "os leitores modernos, que não estão acostumados com as narrativas como veículos de conhecimento sério, muitas vezes encontram dificuldade de apreciar a profundidade e relevância" (Clifford *et al*, 2013, p. 60) dessas histórias.

Essa dificuldade de ver a importância dessas narrativas pode provir da própria complexidade que está por trás das estruturas que constituem elas. A própria constituição histórica factual do desenvolvimento de enredos como estes pode apresentar sua complexidade. Segundo Tolkien (2022, p. 33), "a história das estórias de fadas", por exemplo, "é provavelmente mais complexa do que a história física da raça humana e tão complexa quanto a história da linguagem humana".

Vale destacar, aqui, o fato de que a antiguidade utilizou diversos gêneros literários que hoje conhecemos como fantasia, romance, mito e etc. para expressar conhecimentos ou crenças. Ou seja, o que era realmente importante, era a mensagem ou o sentido por trás do texto, e não a comprovação factual do que se estava narrando. Inclusive, muitas das narrativas bíblicas foram escritas e editadas em cima dessa perspectiva (Arens, 2007). De nenhum modo a falta de comprovações históricas prejudica a validade dos enredos fantásticos ou bíblicos, deve-se ter em mente que para se exprimir algo que a princípio é inexplicável, é necessário, muitas vezes, recorrer a um mundo que Tolkien (2020) chama de subcriado, mas que não é fruto do absurdo, já que o homem se utiliza do mundo factual para realizar sua subcriação, sendo assim, tudo nesses enredos é bastante racional e carregado de sentido.

É por essa habilidade de subcriar que Tolkien admirava tanto as estórias fantásticas quanto a mitologia.

> E não é de todo mera coincidência que Tolkien, como Jakob Grimm (1785-1863), tenha sido filólogo. O estudo da filologia os despertou para as origens mais remotas da linguagem, como meio de expressar e tentar explicar a realidade existente. E as explicações mais antigas para as realidades existentes sempre foram as mitologias (Martins Filho, 2006, p. 25).

Desse modo, o romance de José e a narrativa fantástica do *O Hobbit* podem parecer pura ficção, mas carregam consigo uma densidade filosófica e teologia gigantesca. É inegável que os ensinamentos que essas histórias transmitem encontram paralelos com o cotidiano de muitas pessoas. Não seria estranho se alguém, ao ler *O Hobbit*, por exemplo, identificasse certa semelhança entre sua vida e a de Bilbo, pois muitas pessoas, assim como este personagem, se veem "frequentemente diante de tarefas que parecem estar acima de nossas forças" (Rios 2006, *apud* Martins Filho, 2006, p. 8). Além disso, quantas pessoas na vida factual também sofrem com a doença do dragão: a ganância? Quando se olha para o romance de José, é cabível fazer outros paralelos com a vida pessoal de cada um, pois muitas pessoas no seu dia a dia são vítimas da inveja e da mentira, sofrem escárnio e mesmo assim são chamados continuamente a perdoar e a amar seus malfeitores, a ofertar vida a quem ofereceu morte.

Entretanto, um dos maiores ensinamentos dessas duas histórias é que, por não valorizar o que se tem, muitas pessoas precisam vivenciar o sentimento de perda. Isso é evidenciado por Smith (2012, p. 23) quando este faz a seguinte análise acerca do *O Hobbit*:

> Todos nós seríamos sortudos na vida se tivéssemos a chance de viver uma aventura inesperada e, depois, voltássemos com segurança para um lugar em que houvesse conforto. Geralmente, só

> damos valor a nossa casa e à felicidade simples que ela nos oferece se ficamos longe dela por um tempo.

Nessa perspectiva, ao observar a história de José, se percebe que os irmãos dele precisaram perder um irmão e passar fome para perceberem a importância de uma família unida. A experiência da dor pode refrear o orgulho, fomentar a paciência e faz lembrar que o homem é apenas um peregrino nesse mundo, ou melhor, faz com que o homem constantemente se recorde de que "[...] nenhuma parte do mundo criado, e, portanto, nenhum aspecto de nossa existência, é capaz de preencher a humanidade. Somos dominados por uma falta de lar, e, no entanto, por uma aguda percepção do que significa 'lar" (Duriez, 2018, p. 89). Ainda sobre isso, segundo C. S. Lewis, a dor "é o megafone de Deus para despertar um mundo surdo" (Bassham, 2012, p. 17).

Uma última reflexão pode ser extraída dessas narrativas: essa força misteriosa que aparenta guiar a história, sempre visa o bem, e apesar de sua grande capacidade de se fazer presente na vida das pessoas, ela não consegue mudar o passado. Smith (2012, p. 143) conseguiu expressar muito bem isso quando afirmou o seguinte: "nós não podemos controlar o que aconteceu no passado; nós só podemos decidir como reagimos no presente [...] – esteja aqui e agora." José aprendeu isso, pois foi capaz de perceber que o que seus irmãos tinham feito com ele não poderia ser mudado, com isso em mente, ele conseguiu constatar, também, que o mais certo a se fazer naquele momento era tornar-se um presente no seu presente. Ao que parece, a força desses personagens é medida a partir da capacidade deles de serem verdadeiramente humanos e de ressignificarem as suas histórias.

Considerações finais

Por muitas vezes, o homem se depara com acontecimentos surpreendentes. O interessante é que mesmo quando esses eventos têm uma sequência de causas bem delimitado, há quem afirme o fato de que há uma mão invisível orquestrando todo esse enredo cósmico, entretanto, há também quem diga que tudo não passa de pura sorte ou azar, que não há nada mais que a pura coincidência de causas. Para os olhos apurados de quem tem fé, Deus está sempre a cuidar das suas criaturas por meio da providência, que de nenhum modo anula ou menospreza o dom do livre-arbítrio que cada ser humano possui. Essa mesma força que está sempre a visar o bem de toda a criação é capaz de tirar até mesmo das ações maléficas algo de bom, sem, é claro, deixar de responsabilizar o homem por sua má conduta. Desse modo, o mistério da providência ameniza as consequências trágicas do mal que cada homem é capaz de realizar.

No romance de José, o próprio personagem José vê, em sua história, a ação contínua de um Deus misterioso, mas não fica, em nenhum momento, determinado se essa ação providente realmente existe e faz tantas coisas para favorecer Canaã, a terra do Egito, a família de Jacó e, é evidente, o próprio José. Em outras palavras, é José quem faz, como uma pessoa de fé, a leitura de sua vida como sendo um campo de ação desse Deus invisível.

Já na história de Bilbo e seus amigos, fica ainda menos claro se há ou não um ser orquestrando causas para auxiliar esses aventureiros em suas jornadas, mas Gandalf é sábio o suficiente para ver que tantas coincidências boas não podem ter como resposta apenas a sorte. Nessa perspectiva, quando cada pessoa olha para a história da humanidade e para sua história particular, deveria se perguntar se há algo como a providência, e se houver, o homem deveria ser prudente o suficiente para encaixar seus planos particulares nesse Bem para o qual ela conduz a história.

Aqui, se pode ver, de passagem, a história de vida do próprio Tolkien e como ela pode ser analisada sobre a ótica da providência divina. Tolkien nasce em uma família que cultiva o apreço por histórias de fantasia, depois da morte de seus pais, ele é educado por um padre e logicamente, durante esse período, recebe muita formação religiosa. Na faculdade, escolhe se especializar em filologia. Um dos passatempos prediletos desse autor era criar línguas novas. Com essa breve apreciação da história de Tolkien, é possível perceber o quanto a história de vida dele se torna um caminho providencial para ele se tornar um dos mais aclamados escritores de sua época.

Além disso, o ciclo de amizades de Tolkien impactou bastante em sua formação humana e profissional, mas uma amizade não é apenas uma via de mão única. Sua relação com C. S. Lewis foi a responsável por impulsionar o surgimento de um novo cristão que viria a ser um importante propagador da fé cristã. Sobre a questão da providência divina ser uma força viva e atuante na vida das pessoas, Lewis ainda faz uma intrigante análise sobre sua própria vida acerca disso: “Nunca tive a experiência de buscar Deus. Foi o inverso: ele era o caçador (ou assim me pareceu), e eu o cervo" (Duriez, 2018, p. 74). Em suma, o que fica explícito em tudo isso é que Deus é o perfeito contador de histórias que consegue adentrar na sua própria narrativa para auxiliar sua criação continuamente.

Referências

AQUINO, TOMÁS DE

Suma Teológica. v. I. 4 ed. Niterói: Permanência, 2016, 768p.

ARENS, E.

A Bíblia sem mitos: Uma introdução crítica. 3° ed. São Paulo: Paulus, 2007, 407p.

BASSHAM, G.

O Hobbit aventureiro. In: BASSHAM, G.; BRONSON, E. (org.). *O Hobbit e a Filosofia*: Para quando você tiver perdido seus anões, seu mago e seu caminho. Rio de Janeiro: BestSeller, 2012, p. 13-25.

BERLEJUNG, A.; FREVEL, C. (ORG.).

Dicionário de termos teológicos fundamentais do antigo e do novo testamento. São Paulo: Paulus: Loyola, 2011, 535p.

BÍBLIA

Bíblia de Jerusalém, ed. Paulo Bazaglia, São Paulo: Paulus, 2002, 2206 p.

BORN, A. V. D. (ORG.)

Dicionário Enciclopédico da Bíblia. Trad.: 2 ed. Petrópolis: Vozes, 1971, 1588p.

CLIFFORD, J. RICHARD *et al.*

Gênesis. *In*: BROWN, R. E. *et al.* (org.)

Novo Comentário Bíblico São Jerônimo: Antigo Testamento e Artigos Sistemáticos. São Paulo: Paulus, 2013, 1791p.

DURIEZ, C.

J. R. R. Tolkien e C. S. Lewis: o dom da amizade. Rio de Janeiro: Haper Collins, 2018, 303 p.

EICHER, P. (ORG.)

Dicionário de conceitos fundamentais de Teologia. São Paulo: Paulus, 1993, 1036p.

MARTINS FILHO, I. G. M.

O mundo do Senhor dos Anéis: Vida e obra de J. R. R. Tolkien. 2 ed. São Paulo: Martins Fontes, 2006, 150p.

JENSEN, R. M.

Alguns hobbits têm muita sorte. *In*: BASSHAM, G.; BRONSON, E. (org.). *O Hobbit e a Filosofia*: Para quando você tiver perdido seus anões, seu mago e seu caminho. Rio de Janeiro: BestSeller, 2012, p. 203-215.

LACOSTE, JEAN-YVES (ORG.)

Dicionário Crítico de Teologia. São Paulo: Paulinas: Loyola, 2004, 1967p.

LÉON-DUFOUR *et al.*

Vocabulário de Teologia Bíblica. 8 ed. Petrópolis: Vozes, 2005, 1117p.

MONLOUBOU, L.; DU BUIT, F. M. (ORG.)

Dicionário Bíblico Universal. 2 ed. Petrópolis: Vozes; Aparecida: Santuário, 2003, 825p.

OLSEN, C.

Explorando o universo do Hobbit: Mensagens secretas, curiosidades e a filosofia na história da Terra Média. São Paulo: Lafonte, 2012, 250p.

SMITH, N.

A Sabedoria do Condado: Tudo sobre o estilo de vida dos hobbits para uma vida longa e feliz. Ribeirão Petro: Novo Conceito, 2012, 174p.

STERLING, G.

A consolação de Bilbo: providência e livre-arbítrio na terra-média. *In*: BASSHAM, G.; BRONSON, E. (org.). *O Hobbit e a Filosofia*: Para quando você tiver perdido seus anões, seu mago e seu caminho. Rio de Janeiro: BestSeller, 2012, p. 217-228

TOLKIEN, J. R. R.

Árvore e Folha. Rio de Janeiro: Harper Collins, 2020, 175p.

O Hobbit. 2 ed. São Paulo: Martins Fontes, 1998, 297p.

O Senhor dos Anéis. São Paulo: Martins Fontes, 2001, 1202p.

O Silmarillion. Rio de Janeiro: Harper Collins, 2019, 494p.

UEHLINGER, C.

Gênesis 37-50: o "Romance de José". In: RÖMER, T. *et al.* (org). *Antigo Testamento*: história, escritura e teologia. São Paulo: Loyola, 2010, p. 195-214.

WÉNIN, A.

José ou a invenção da fraternidade: Leitura narrativa e antropológica de Gênesis 37-50. São Paulo: Loyola, 2011. 302 p.

5

AS CRENÇAS E PRÁTICAS BUDISTAS E XINTOÍSTAS NO MANGÁ *LOBO SOLITÁRIO*

Marcelo Carneiro[1]

> Havia um assassino que oferecia seus serviços pelo preço de 500 ryos por cabeça. Apesar de estar sempre acompanhado de uma criança, que aparentava ter por volta de três anos de idade, o assassino mantinha distância de tudo e de todos, o que lhe rendeu a alcunha de 'Lobo Solitário' (Koike, Kojima, 2017a, p. 2).

Assim, começa a introdução de um dos mais poderosos e míticos mangás já produzidos. Com temática histórica, abordagem adulta e bastante violenta, *Lobo Solitário* é um fenômeno mundial. Foi lançado nos EUA, em formato americano, com o nome *Lone Wolf and Cub*, com capas produzidas por ninguém menos que Frank Miller, o artista que revigorou o Batman nos anos 1980 e imprimiu um perfil ao personagem que se mantém até hoje. A versão de *Lobo Solitário* que chegou ao Brasil, inclusive, veio por intermédio do país norte-americano.

Nossa intenção, aqui, é fazer uma breve análise dessa obra a partir dos elementos religiosos – do budismo e do xintoísmo - contidos nela. Ambientada no Japão do Shogunato Tokugawa (1600-1868), também conhecido como Período Edo, esse mangá trata da história de um im-

1 Doutor em Ciências da Religião (Umesp), com Pós-Doutorado na mesma instituição. Mestre em Teologia (PUC-RJ), Bacharel em Teologia (UniBennett). Pesquisador do Cristianismo Primitivo e líder do Grupo de Pesquisa RASTROS – Estudos de Memórias e Tradições Cristãs e Judaicas. Membro do Grupo de Estudos TeoGeek – Cultura Popular e Teologia. Apreciador de quadrinhos e cultura pop, em especial Ficção Científica e Ficção Histórica.

portante samurai que foi levado à desgraça por uma família rival e segue uma jornada de vingança com seu filho Daigoro. O ambiente pitoresco e lírico das histórias, alternando com situações grotescas e brutais, é um dos pontos altos, e insere em diversos momentos o aspecto religioso presente no Japão do Shogunato. Temos, ali, um budismo típico do Japão "medieval", misturado com crenças populares de fundo xintoísta, que deve ser apreciado em sua especificidade.

A análise passará por uma apresentação geral da obra, inclusive falando um pouco sobre os criadores, depois sobre o contexto histórico retratado e suas implicações religiosas e, por fim, o retrato que a série faz do budismo e suas expressões sincréticas japonesas.

O mangá "Lobo solitário"

Com o título de *Kozure Okami* (literalmente, "Lobo com filhote"), a obra foi lançada em 1970 por Kazuo Koike, cuja "inspiração para criar *Lobo Solitário* surgiu quando ele leu que o clã *Ogami*, detentor do posto de *Kogi Kaishakunin* (executor oficial) do Shogun, caiu em desgraça em 1655, com sua função passada para o clã *Yagyu*..." (Bouça, *in* Koike, Kojima, 2017b, p. 2, destaques do autor). Pensando nisso, ele desenvolveu a história do samurai errante, um *ronin*, que segue uma trajetória de vingança e morte. Ele teve como parceiro o artista em ascensão Goseki Kojima, que já havia trabalhado em um mangá com fundo histórico, de nome *Sanpei Shirato*, dentro de uma série chamada *Kamui-Den*, onde demonstrou grande aptidão para realizar mangás históricos.

Koike, então, passou a delinear a história, inserindo diversos elementos ficcionais, compondo o que se denomina de ficção histórica. Na saga, Itto Ogami é um ex-oficial de alto escalão do Shogunato acusado de traição, que tem a família chacinada, e seu nome renegado. Por causa disso, ele abriu mão de sua honra para lutar por vingança e condenou seu próprio filho (Daigoro) a viver o mesmo caminho, testemunhando atrocidades. Seguindo pelo caminho entre a vida e a morte do *Meifumadou*, que coloca a pessoa numa entrevida, ambos peregrinam pelo Japão. Ogami passa a ser um *ronin* – um samurai que já não responde a um senhor, e que não cometeu *sepukku* pela perda de seu status –, que coloca sua espada a serviço de contratos de assassinato. A perseguição dos Yagyu, liderados pelo implacável Retsuo, porém, os impele a uma jornada de confronto até o inevitável final de morte.

Itto Ogami é um homem sereno, que poucas vezes demonstra emoções. Parece incorporar o ideal budista de afastar as paixões. Mas, também, pode ser devido ao seu hiper foco na vingança que ele almeja contra o clã Yagyu. Assim, vemos, na trama, um homem decidido de seu propósito, o que torna abnegado, frio e determinado. Sua relação com o filho Daigoro é marcada por um amor profundo, mas desapegado. No capítulo 11, *Kantou-rai – A chegada do inverno* (Koike, Kojima, 2017b, p. 63-120), para chegar ao seu alvo de contrato, Ogami tem que se disfarçar de Oobangashira, o chefe da guarda do feudo, e deixa seu filho em uma gruta, com comida e bebida, por causa de uma forte nevasca, e para preservar seu disfarce. Ocorre que, quando ele encontra outros oficiais, uma avalanche cai sobre a gruta, e para não revelar seu disfarce, Ogami nem mesmo demonstra qualquer reação. Evidentemente que, em seu pensamento, ele fica apreensivo, porém não desiste da missão, vai até o fim, e depois retorna ao local, quando provoca uma segunda avalanche para liberar a entrada da gruta. Ao chegar lá, encontra seu filho bem e o aguardando.

Por sua vez, Daigoro é um personagem muito forte no mangá, mesmo sendo uma criança pequena. É através dos olhos dele que percebemos as pequenas coisas, como insetos e brincadeiras de criança, que são inseridas na história, dando um toque lírico e pungente à trama. No capítulo 66, "*Durma, durma, Daigoro*" (Koike, Kojima, 2019, p. 122-180), temos uma história totalmente focada em Daigoro, que faz amizade com um menino de família nobre e fica hospedado na casa deles. Também muitas personagens femininas interagem com ele, cuidando dele, por ser uma criança pequena. Entretanto, muitas pessoas que cruzam o caminho da dupla de pai e filho, afirmam que o olhar do menino é sem vida, como quem já cruzou para o limiar de outro mundo. Ou seja, é um personagem com várias camadas. Em algumas missões, inclusive, ele ajuda o pai na tarefa de enganar os alvos, permitindo a Ogami se aproximar com mais facilidade. A imagem mais emblemática da série, na verdade, é justamente a de Itto Ogami empurrando o carrinho de bebê com Daigoro em pé nele.

O personagem que compõe a tríade principal da história, Retsudo Yagyu, é um ancião do clã Yagyu, astuto e perigoso, mas que evita ao máximo o confronto direto com Ogami, porque sabe de sua extrema habilidade como samurai. Responsável pela destruição da família e da reputação de

Itto Ogami, ele próprio tem uma forte habilidade com esgrima, pois o clã Yagyu criou um estilo próprio, considerado imbatível. Retsudo não tem limites na sua tentativa de interromper com a vida de Ogami: corrompe, explora, ameaça, e faz uso de diversas facções criminosas, sempre tentando exterminar de vez o clã do oponente, mas sem sucesso.

Assim, a trama da série varia entre as missões de assassinato de Itto Ogami para viabilizar seu caminho de vingança, e as manobras de Retsudo para exterminar o ronin indesejável. Ao final, o clímax da série se dá no confronto definitivo entre essas duas forças da natureza, com resultado surpreendente.

O ambiente histórico do mangá

A trama de *Lobo Solitário* é ambientada no Japão do Shogunato Tokugawa (1600-1868), também conhecido como Período Edo, que dá nome à capital do império, atual Tóquio. Esse período é identificado, às vezes, como o Japão Feudal, mas na pesquisa da Universidade de Cambridge, que elaborou extensa produção sobre a história do Japão, é denominado como o Japão Moderno, o que parece harmonizar com a perspectiva de historiadores japoneses, que colaboram com a obra.[2] O que caracteriza esse período foi a unificação do país em torno de um único *daimyo* (chefe) que fundou o sistema *bakuhan*, conhecido popularmente como xogunato, mantendo algumas regiões dominadas por daimyous a serviço do xogum e da família real[3]. A família dominante era do clã Tokugawa, por isso o nome do período. Para muitos, ali se estabelece a monarquia absolutista japonesa, porém, sem alguns dos elementos que a Europa Ocidental apresentava naquele momento, como a classe burguesa e as cidades independentes, como as da Itália e Espanha (CHJ, vol. 4, 1993).

2 Ver HALL, John Whitney (Ed.). *Cambridge History of Japan*, Vol. 1 a 6, 1991 a 1993. Sempre que fizermos referência a essa obra, utilizaremos CHJ e o volume específico.

3 Sobre os daimyo, a CHJ afirma: "De uma perspectiva estritamente japonesa, o século XVI, ou mais especificamente meados dele, se distingue pelo que pode ser chamado de o "fenômeno daimyo", isto é, a ascensão de senhores militares locais que primeiro ergueram seus próprios domínios e depois começaram a guerrear entre eles para obter a hegemonia nacional" (Hall, 1991, vol. 4, p. 1, tradução nossa).

É um tempo em que o Japão passa a ter contato com os ocidentais, em especial os portugueses e ingleses, sua tecnologia de armas de fogo e sua visão comercial. E com eles chegaram os missionários jesuítas, inclusive o cocriador da Companhia de Jesus, Francisco Xavier, por meados do século XVI. A princípio vistos com uma possível seita do Budismo, os cristãos passaram a representar perigo pela grande quantidade de batismos que realizavam entre os japoneses. Algumas cidades, como Nagasaki, por exemplo, já tinham população predominantemente cristã no início do século XVII, razão pela qual o xogun determinou aos daimyous para erradicarem os missionários e proibirem os japoneses de praticarem a fé cristã. Em 1614, um decreto dava vinte dias para que os missionários saíssem do território, no qual se decretava que o Japão é "terra dos deuses". Eram trinta e seis que se recusaram a sair e enfrentaram perseguição. Nesse momento o Japão cortou as relações com a Europa, situação que só foi revertida no século XIX, quando chegou ao fim a Era Edo (CHJ, vol. 4, 1993).

O mangá *Lobo Solitário* reflete justamente o período em que a fé cristã é proibida e perseguida. No capítulo 72, "O dia de expurgar demônios" (Koike, Kojima, Vol. 14, 2019b, p. 253-312) apresenta uma versão de situações reais, em que pessoas que eram identificadas como cristãs eram condenadas à morte por crucificação de cabeça para baixo à beira-mar, e se afogavam quando a maré subia. Nem crianças eram poupadas. Na história, Daigoro faz amizade com uma menina que usa um crucifixo como colar, e acaba sendo descoberta agentes do governo encarregados de buscar cristãos, com o fim de cumprir o decreto imperial. Assim, é um momento em que o Japão se envolve apenas com o budismo e as crenças xintoístas locais.

Nesse período, as classes sociais são bem rígidas. No século XVI, os samurais passaram a formar uma elite social a serviço do shogunato. Alguns exerciam atividades em nível mais regional (*gokenin*), sendo que podiam ser até camponeses, com atividade ocasional como samurais, quando recrutados (*goshi*)[4]. Porém, os mais poderosos eram os *hatamotos*, diretamente ligados ao xogum, e que ocupavam cargos importantes no governo. Na prática, os samurais eram a força militar do Japão nesse

4 Porém, de acordo com John Whitney Hall, nesse período esse tipo de samurai foi extinguindo, pois foi implantada uma política de separação entre a classe samurai e a classe camponesa. Isso fica evidente no capítulo 26 (Koike, Kojima, Vol, 5, 2017d), quando Itto Ogami participa da semeadura de arroz, e as pessoas não entendem por que um samurai estaria fazendo atividade camponesa.

período, com atividades de fiscalização e proteção das províncias, observadores do "*bushidô*, um sistema ético pertencente à classe dos samurais que teve seu ápice durante os primeiros anos da Era Tokugawa (1603-1868), sofreu diversas releituras até ser utilizado pelo governo como base moral de todo o povo japonês" (Nunes, 2010, p. 20). Esse é o lugar social de Itto Ogami, um samurai que era o executor do governo, mas após a traição que sofreu, se tornou um *ronin*, samurai sem senhor e sem honra.

A maior parte da população era composta por camponeses, que sofriam devido aos altos tributos de alimentos que eram cobrados para sustentar as elites das províncias e da capital Edo. Nesse sentido, o período Edo acaba tendo características feudais ou ainda dos sistemas tributaristas do Mundo Antigo. Nesse cenário, samurais são separados da classe camponesa, e passam a viver apenas para servir os daimyous.

O contexto religioso do período é marcado pelo desenvolvimento de uma religião nacional, em que budismo, xintoísmo e confucionismo se mesclam numa grande estrutura religiosa de cunho popular.[5] Importante entender que havia "um padrão de práticas religiosas, tanto geograficamente quanto socialmente como evidências do estabelecimento de uma religião nacional" (CHJ, Vol. 4, 1993, p. 378). Na vivência prática da religião, o indivíduo tendia a fazer sua devoção dentro do *xinto* com o fim de buscar as necessidades diárias. O Budismo tinha outra função, pois organizava a vida coletiva e as atitudes das pessoas. Mas ambas as religiões estavam conectadas no imaginário. Nas vilas, havia ao menos um templo ou santuário, dentro do qual ficava um Buda, mas também as pessoas podiam alimentar a devoção às deidades nativas (*kami*)[6] (CHJ, Vol. 4, 1993).

O budismo em "Lobo solitário"

Considerando que nosso foco nesse estudo é sobre o budismo presente em *Lobo Solitário*, vamos aprofundar um pouco o tipo de budismo que era

5 Uma pesquisa bastante elaborada sobre o assunto foi realizada por Rafael Alexandrino Malafaia, em sua dissertação "Sobre o Budismo e o Xintoísmo no personagem samurai na série em mangá *Lone Wolf and Curb*", defendida na Universidade Estadual do Pará, em 2019. Alguns aspectos que trabalharemos se basearão nessa pesquisa.

6 Os *kami* são as deidades próprias do xintoísmo japonês.

praticado nesse período. Antes disso, porém, é importante ter em mente que a própria essência do samurai, sua conduta, sua vestimenta, seu armamento e suas práticas marciais foram desenvolvidas em um contexto de associação do guerreiro com o monge. Não é o escopo desse capítulo discorrer detalhadamente sobre o samurai, mas vamos apontar alguns aspectos do *bushido* – o caminho do guerreiro – que Rafael A. Malafaia trabalhou em sua pesquisa (2019, p. 112-123):

- O caminho do guerreiro: a compreensão do samurai de que a vida é paixão e morte. Um samurai tem alto nível de autocontrole diante de situações de morte e até mesmo a aceitação dela. Esse é o ponto de partida para quem deseja assumir essa vida. Tudo o mais é decorrente dessa concepção;
- O armamento: a espada pode ser considerada a alma do samurai, porque tudo nele é focado para a arma, sendo essa uma importante parte do caminho do guerreiro. Por isso, uma *dotanuki* – a arma mais forte que o samurai carregava – devia estar sempre limpa e permitir que a pessoa se visse nela, como se fosse o espelho da alma;
- As artes marciais: expressão da transcendência e da profunda percepção de si e do mundo ao redor, estão diretamente ligadas à meditação e à prática do esvaziamento de si (cf. veremos mais abaixo).

Esses elementos indicados de forma bastante resumida estão bem presentes na jornada de Itto Ogami, mostrando que, mesmo tendo se tornado um ronin, manteve as bases fundamentais da vivência samurai. Curiosamente, ele abriu mão dos elementos de honra que são tão caros a essa classe (e caso não o fizesse, a história nem existiria, de fato). Essa ambiguidade na personagem de Ogami o torna ainda mais instigante e cheio de nuances.

Voltando à análise da religião como um todo, nesse período, que é refletida no mangá, John Whitney Hall afirma o seguinte:

> Na medida em que as novas escolas budistas se espalhavam entre a população, elas começaram a se acomodar às condições gerais de vida da sociedade, um processo que inevitavelmente levou a

> mudanças em sua orientação. Mais especificamente, houve uma mudança significativa em sua interpretação do que implicava a salvação do indivíduo. Isto é, salvação passou a ser entendida, principalmente, como a salvação dos espíritos dos mortos. Portanto, uma ênfase maior foi colocada em guiar esses espíritos para o reino dos Budas, e menos atenção foi dada para a questão de como o indivíduo deve buscar a salvação durante o seu próprio tempo de vida. Como resultado, as pessoas passaram a considerar a realização de funerais e missas pelos mortos como principal função religiosa de templos e sacerdotes (CHJ, Vol. 4, 1993, p. 380 [tradução nossa]).[7]

Além disso, considerando o breve retrato do cenário histórico no qual a história se passa, fica evidente o fato de que o budismo é tratado de forma mesclada com o xintoísmo e até o confucionismo. Em alguns casos, inclusive, há elementos que são criados pelo autor da saga, numa liberdade criativa bastante interessante. Vejamos os principais aspectos de que a obra trata.

Para começar, percebemos a presença constante dos templos e santuários budistas na trama. A bem da verdade, é um local onde Itto Ogami passa bastante tempo em meditação. Isso é especialmente mostrado no cap. 17, "*Nisenbyakudou* – A estrada branca entre dois rios" (Koike, Kojima, vol. 3, 2017b, p. 144), em que apresenta Ogami em seu santuário familiar, mostrando sua meditação em favor dos mortos que ele tinha executado (conf. figura 4). Ali, são mostrados vários *ihai*, que Rafael Malafaia explica do que se trata:

> O *ihai* [...] é uma placa memorial retangular de madeira que simboliza a alma de uma pessoa morta [...], contendo seu nome, datas de nascimento e de falecimento [...]. Este item é situado em um altar familiar caseiro budista chamado *butsudan*, que visa tanto

7 Não é nosso foco de pesquisa aqui, mas uma investigação poderia buscar a relação dessa concepção com o fato de um século antes o Japão ter sido evangelizado por missionários jesuítas. A Igreja Católica, nesse período em especial, era muito focada na ajuda aos mortos para alcançar o paraíso, como se vê na polêmica sobre indulgências levantada pelo frei dominicano Martinho Lutero, que se tornou um dos líderes da Reforma Protestante. Isso demonstraria a força do sincretismo, para além do que os líderes religiosos esperam.

> interligar o mundo dos vivos com o dos além-vida quanto o local para cerimônias desta religião, sendo um templo em miniatura [...]. O *ihai* tem origem chinesa – dos cultos confucionistas aos ancestrais –, sendo assimilado pelos japoneses por sacerdotes Zen durante a dinastia chinesa Sung (960 d.C. - 1290 d.C.). Começaram a ser utilizados pelos chefes *Bushi* e *daimyōs* em idos do século XV e por outras classes sociais no final do século XVII e começo do XVIII. (Malafaia, 2019, p. 120).

Essa cena se relaciona com vários aspectos mostrados acima: a preocupação com a salvação da alma dos mortos, e a piedade de ter um santuário particular, o que mostra quão poderoso ele era.

Mas, curiosamente, os santuários ou templos budistas não eram apenas espaço de devoção e piedade. Era ali que as pessoas podiam fazer contato com ele (Itto Ogami) para combinar contratos de assassinato. Isso é mostrado de forma detalhada no Capítulo 24, "*Douchu-Jin*, indicando o caminho" (Koike, Kojima, Vol. 5, 2017d, p. 5-35), em que Retsudo Yagyu é informado sobre a forma de fazer contato com o Lobo Solitário com o fim de contratá-lo para realizar um assassinato. A indicação de que se deseja contratar o assassino é feita pelo desenho dos demônios *Gozu* e *Mezu*, entidades ligadas ao xintoísmo, e que representam parte do panteão *kami* (figura 5). Aqui, já se percebe esse encontro entre budismo e xintoísmo de forma bastante mesclada. *Gozu* e *Mezu* representam os guardiões do *jigoku*, o mundo dos mortos, que pode ser identificado como o inferno do budismo japonês.

Segundo Rafael A. Malafaia,

> Os portões deste reino são guardados pelos *oni gozu* (demônios com cabeça de boi) e *mezu* (demônios com cabeça de cavalo), que, além de fazer cumprir as ordens de Enma-O, barram a entrada de humanos vivos no *jigoku* e impedem a saída dos mortos deste reino (Malafaia, 2019, p. 97).

Esses demônios guardam o mundo dos mortos, e representam essa passagem, e no mangá é dito que eles fazem parte do amuleto *Rikudou-gofu*, que representa a rosa da Samsara. De acordo com Kazuo Koike, "é uma imagem que representa a vida, a morte e o renascimento, em que não se pode escapar do sofrimento" (Koike, Kojima, Vol. 5, 2017d, p. 284). Ainda sobre os demônios *Gozu* e *Mezu*, no capítulo 12, "*Osue – O drama de uma criada*" (Koike, Kojima, Vol. 2, 2017a, p. 121-176), Ogami tem um pesadelo relativo a eles, em meio a uma forte febre que está enfrentando. Nesse sonho, ele enfrenta os dois demônios e os supera, indicando que ainda não é o momento de ele morrer.

Outro aspecto importante do budismo nas histórias do Lobo Solitário é o fato de Itto Ogami e seu filho Daigoro terem assumido o caminho entre a vida e a morte, denominado no mangá de *Meifumadô*[8], que o criador do mangá sinaliza com a tradução: "caminho errante do mundo dos mortos" (Koike, Kojima, Vol. 2, 2017a, p. 301). O que pode parecer apenas uma decisão de ficar no entremundo por conta de sua jornada de vingança é, na verdade, um modo de encarar a realidade baseado nas crenças budista e xintoísta, isso porque uma análise mais profunda indica que o termo meifumadô é mais profundo que isso. Primeiro, é importante indicar que esse termo não existe na tradição budista japonesa.

No estudo sobre o termo *Meifumadô*, Malafaia demonstra que ele é resultado de uma aglutinação de palavras feitas de forma livre e criativa por Kazuo Koike para representar o ambiente no qual pai e filho enveredam em sua jornada (Figura 6). Vem da junção de *meifu* (mundo dos mortos, inferno) com um verbete composto: *ma* (bruxa, demônio) e *dô* (caminho, conjuntos de práticas), que juntos podem ser entendidos como "magia negra", "heresia", "maldade". Malafaia apresenta uma proposta de tradução para o termo: "caminho do inferno através da prática de magia negra ou atos que causem malefícios" (Malafaia, 2019, p. 103). A jornada de Itto Ogami de usar da violência para angariar fundos e assim se vingar do clã Yagyu está totalmente adequada ao conceito indicado pelo termo criado por Koike. O ronin sabe que ao final de sua jornada não haverá redenção, mas condenação, e está pronto para ela. Como resume Rafael Malafaia, 'Meifumadō *não é* o final do caminho, e sim *o* caminho, visto que Ittō e Daigorō já se têm como mortos em sua jornada de vingança contra o clã Yagyū." (Malafaia, 2019, p. 106).

8 Na versão traduzida para o português, a grafia termina em -ou. Porém, essa terminação não é coerente com o sentido do termo, e a versão inglesa não tem essa terminação. Logo, entendemos que se trata de uma corruptela da versão brasileira.

Na cena demonstrada, percebemos como pai e filho caminham entre duas possibilidades mortais. Na história, retratada no capítulo 17, "Nisenbyakudou – A estrada branca entre dois rios" (Koike, Kojima, Vol. 3, 2017b, p. 123-187), a narrativa inicia com essa imagem, para então mostrar a origem dos acontecimentos que desgraçaram a vida de Itto Ogami e o levaram a viver como um assassino proscrito.

Um terceiro e importante aspecto do budismo – mais especificamente do zen budismo - que podemos ressaltar é o conceito de esvaziamento de si. No capítulo 13, "*Mumonzeki* – Uma barreira sem portões" (Koike, Kojima, Vol. 2, 2017a, p. 177-238), encontramos Itto isolado em uma cabana, onde enfrenta lobos ferozes, e se prepara para uma situação muito específica. Enquanto ele se mantém em profunda meditação – um dos fundamentos basilares do budismo – faz uma profunda reflexão, falando consigo mesmo. Nesse monólogo, ele afirma:

> Conseguirei eu unir o subjetivo ao objetivo, esquecer minha existência, tornar-me um com o vazio e uma parte do grande todo...? Serei capaz de me esquecer de tudo que assimilei até hoje, desde técnicas, conhecimentos e até experiências, chegando ao limite do nada, isento de sentimentos, a ponto de não hesitar em matar homens santos que cruzarem meu caminho, matar pai e mãe, se necessário, ou até mesmo meus ancestrais, se fosse possível? (Koike, Kojima, Vol. 2, 2017a, p. 183).

Essa posição em que ele se coloca está relacionada com a impermanência, um dos conceitos mais fortes do budismo, que pode ser percebido na *Coleção dos Versos Indicativos*, os *Udanavarga de Dharmatrata* (Tsai, Castro, 2019), nos versos 23 e 24:

> 23.
> Uma vez que a vida no fim se torna morte,
> Todos os seres sencientes, destinados a morrer,
> Movem-se para cada vez mais perto de todos os atos,
> E resultados bons e maus que venham a fazer.
>
> 24.
> Pelas ações maldosas, se vai para os reinos miseráveis,

> Pelas ações bondosas, se vai para os reinos abundantes,
> Mas há aqueles que no caminho meditam,
> Esses, a libertação incontaminada encontram. (Tsai, Castro, 2019, p. 18-19)

A impermanência gera nesse momento a vacuidade em Ogami, a ponto de ele poder passar por uma matilha de lobos e não ser nem mesmo percebido. Ele se torna um com o todo, e com isso coloca em prática o *mumonzeki*[9], que faz parte da busca mais elevada que um budista procura alcançar. Aqui, o samurai alcança um nível que apenas homens santos conseguem, e isso o torna apto para a missão, que é justamente assassinar um homem santo, no caso um sacerdote budista [*wajou*].

Ogami assume aqui uma proposição zen budista muito forte, que faz lembrar a própria história de origem do Buda, nascido Siddharta Gautama que, ao se tornar um com o todo, alcançou a iluminação[10]. Não é o caso de Ogami. Ele não pretende o Nirvana, nem mesmo se refere a ele em qualquer momento. Koike explica o sentido do termo *mumonzeki* na história:

> "Barreira (ou caminho) sem portões", também conhecido como "Mumonkan". É um ensinamento zen no qual se diz que, para alcançar o grande conhecimento zen (a grande estrada), não é preciso bater em portas (ter dificuldades), pois o caminho é livre para quem quiser passar. Entretanto, é possível encontrar mil e uma formas de se alcançar o conhecimento e, talvez, a forma de se chegar ao estado zen esteja muito mais próxima do que se imagina. Uma vez atravessado o caminho, é possível andar pelo universo sem obstáculos (Koike, Kojima, Vol. 2, 2017a, p. 301).

9 O *mu-* da palavra aponta para a vacuidade.

10 Dilva Frazão resume os fatos sobre o Buda: Conta a tradição que para meditar Gautama sentava-se à sombra de uma grande figueira, que os hindus chamam de "bodhi" e veneram como árvore sagrada. Em suas meditações, ele teve visões de "Mara" – o demônio da paixão, que ora lhe atacava com chuva e raios, ora lhe oferecia vantagens para demovê-lo de seu propósito. Após 49 dias, Mara teve de se conformar com a derrota, deixando Gautama em paz. Ocorreu então o despertar espiritual que o jovem tanto procurava. Iluminado por um novo entendimento de todas as coisas da vida rumou para a cidade de Benares, à margem do rio Ganges, a fim de transmitir o que lhe acontecera (Frazão, 2019, s/p.).

Koike apresenta o conceito de forma ampla, mas ao ler a trajetória de Itto Ogami nas histórias, percebe-se ali que essa busca se faz pela superação dos desejos, dos sentimentos e da própria consciência. Isso alinha a filosofia de vida do Lobo Solitário com o ideal budista das Quatro Nobres Verdades[11].

E para encerrar nossa breve análise, citaremos um aspecto menos evidente, mas presente na obra, que mostra o budismo em sua grandeza (figura 7). Se trata do lirismo da narrativa, com poesias e imagens poéticas, contrastando com a brutal violência de vários momentos da saga. Essa concepção lírica está diretamente ligada à estrutura zen, sendo esse um dos doze tipos de estilos linguísticos ou literários ligados às sutras budistas. Faz parte da tradição budista japonesa, como algo permanente[12].

Esse lirismo, que aparece em várias situações, é marcado pelo uso da aquarela, técnica perceptível na arte de Kojima, que é um dos meios de expressão zen japonesa. O texto de Koike segue essa mesma linha, com poesia colocada na imagem, sem balão, sem indicação de quem está falando, sem objetividade. Semelhante aos comentários budistas que estão presentes na vasta literatura budista.[13] Por fim, fica claro que *Lobo Solitário* é poesia, associada a uma narrativa épica e visceral.

Considerações finais

A obra máxima de Kazuo Koike e Goseki Kojima, *Lobo Solitário*, é uma extensa fonte para estudos sobre cultura japonesa do período Tokugawa, com narrativas repletas de lirismo, mas também de violência brutal e situações que retratam o cotidiano vivido naquele período. Em especial, temos a presença de Itto Ogami, apresentado como um samurai errante

11 As Quatro Nobre Verdades são: *Dukkha*: toda a existência é sofrimento; *Samudaya*: a causa do sofrimento – desejo, apego e ignorância; *Nirodha*: a cessação do sofrimento, através do Caminho Óctuplo; *Magga*: O Caminho Óctuplo, para cessar o sofrimento: (1) Entendimento correto; (2) Pensamento correto; (3) Linguagem correta; (4) Ação correta; (5) Modo de vida correto; (6) Esforço correto; (7) Atenção plena correta; (8) Meditação correta (França, 2024, p. 21-48).

12 O que contraria, em parte, a ideia de impermanência do Budismo.

13 Podemos destacar algumas obras como *Coleção dos versos indicativos – Udavanarga de Dharmatrata* (2019); *Tempo Sthavira*. Coleção de Meditações (2020); *Tratado das dez questões da terra pura* (2019).

– um *ronin* – mas que mantém sua devoção religiosa que une budismo e xintoísmo em um plano harmônico.

A obra permite vislumbrar um Japão fechado às culturas estrangeiras, que fez uma releitura do Budismo chinês e que associou a ele o Xintoísmo, a religião ancestral e nativa da península. É uma religião ao mesmo tempo popular e institucional, com templos e festivais, que move a vida das pessoas. E em meio a todo esse cenário vemos a classe dos samurais, que mesclam elementos filosóficos e religiosos em sua vivência do *bushido*, o rígido código de honra que estabelece o Caminho do Guerreiro.

Estudar uma obra como essa vai além do prazer da leitura de uma produção da cultura pop, porque nos remete a um lugar e um tempo não mais acessíveis, e nos permite viajar e vivenciar as dores, os prazeres e as condições de vida cotidiana daquele povo. *Lobo Solitário* é um excelente exemplo de obra que é mais que entretenimento, o que dá a esse mangá o status de obra de arte. Ali, o Budismo e o Xintoísmo, em suas condições próprias, são revividos, relidos e atualizados para nós.

Referências

DHARMATRATA

Coleção dos Versos Indicativos: Udanavarga de Dharmatrata. Tradução e adaptação de Plínio Marcos Tsai. Valinhos, SP: ATG, 2019.

FRANÇA, N. (LOBSANG PADMA)

Sofrimento, origem, cessação e caminho: Uma análise do *Dhammacakkavattanasutta*. Valinhos, SP: Associação Buddha Dharma, 2024.

FRAZÃO, D.

Buda. Líder Religioso. *E-biografia*. 2019. Disponível em: https://www.ebiografia.com/buda/ . Acesso em: 10 out. de 2024.

HALL, J. W. *et al.* (ED.).

Cambridge History of Japan. Vol. 1 a 6. Cambridge: Cambridge University Press, 1993. Versão Digital pela *Cambridges Histories Online*, 2008. Disponível em: https://libraries.ou.edu/e-resources/cambridge-histories-online. Acesso em: 15 set. de 2024.

KOIKE, K. & KOJIMA, G.

Lobo Solitário 1. O Caminho do assassino. Tradução Drik Sada. São Paulo: Editora Panini, 2016.

Lobo Solitário 2. Uma barreira sem portões. Tradução Drik Sada. São Paulo: Editora Panini, 2017a.

Lobo Solitário 3. A estrada branca entre os rios. Tradução Drik Sada. São Paulo: Editora Panini, 2017b.

Lobo Solitário 4. O Guardião do Sino. Tradução Drik Sada. São Paulo: Editora Panini, 2017c.

Lobo Solitário 5. O segredo do Vento Sul. Tradução Drik Sada. São Paulo: Editora Panini, 2017d.

Lobo Solitário 13. A Lua a Leste, o Sol a Oeste. Tradução Drik Sada. São Paulo: Editora Panini, 2019a.

Lobo Solitário 14. O Dia de Expurgar Demônios. Tradução Drik Sada. São Paulo: Editora Panini, 2019b.

Lobo Solitário 22. Luz Sobre Rio de Sangue. Tradução Drik Sada. São Paulo: Editora Panini, 2020.

MALAFAIA, R. A.

Sobre o Budismo e o Taoísmo no personagem da série em mangá Lone Wolf and Curb. *Dissertação de Mestrado*. Belém. Universidade Estadual do Pará, 2019.

NUNES, G. P.

O *Bushidô* como instrumento de divulgação da cultura japonesa no Ocidente. *Estudos Japoneses*, n. 30, 2010, p. 19-31.

OUYZHIXU

Tratado das Dez Questões da Terra Pura. Tradução de Plínio Marcos Tsai. Valinhos, SP: Associação Buddha Dharma, 2019.

TSAI, P. M. (ESTRUTURA E TRADUÇÃO).

Coleção de Meditações: Tempo Sthavira. Volume II. Valinhos, SP: Associação Buddha Dharma, 2020.

6

SISKO E CRISTO: CATOLICISMO E MESSIANISMO EM *STAR TREK – DEEP SPACE NINE*

Eduardo Pacheco Freitas[1]

Uma jornada diferente

Desde sua estreia, em 1966, a série *Star Trek* (Jornada nas Estrelas, no Brasil) se estabeleceu como uma das franquias mais influentes na cultura popular, não apenas por suas aventuras no espaço, mas também por explorar questões sociais, políticas e filosóficas. Criada por Gene Roddenberry (1921-1991), a série original vislumbrava um futuro utópico, onde a humanidade havia superado suas diferenças e contradições – em especial o capitalismo e a sociedade de classes (Freitas, 2019) – e explorava o universo com um ideal de cooperação, tolerância e respeito mútuo. Roddenberry usou o cenário de ficção científica para abordar questões contemporâneas, como racismo, guerra, e direitos civis, promovendo uma visão otimista de um futuro onde a humanidade poderia viver em paz e prosperidade (Hise, 2015).

1 Historiador, professor, compositor e escritor. É autor dos livros *Star Trek: utopia e crítica social* e *O'Brien deve sofrer! - A história dos sofrimentos de Miles O'Brien em Star Trek: Deep Space Nine*. É vocalista e compositor da banda *Vulcan or Vampire?*, primeira banda trekker brasileira. Apresenta no YouTube o canal *Apenas um Trekker*, voltado para a análise de séries, episódios, filmes, livros e HQs do universo de Jornada nas Estrelas. Idealizador e apresentador do projeto *Caminhando com os Profetas* que realiza semanalmente lives discutindo cada um dos episódios de *Star Trek: Deep Space Nine* em ordem cronológica de lançamento. Vive em Porto Alegre com sua companheira, seu enteado e três gatos fofos: Lola, Pulga e Klingon. E-mail: apenasumtrekker@gmail.com.

Esse ideal utópico continuou a ser explorado e expandido em Star Trek: The Next Generation (1987-1994). Ambientada cerca de um século após a série original, A Nova Geração de Star Trek apresentou um universo onde a Federação dos Planetas Unidos estava em plena expansão, e a Enterprise-D, agora sob o comando do Capitão Jean-Luc Picard, enfrentava novos desafios éticos e diplomáticos. A série manteve o foco nos ideais de Roddenberry, mostrando uma Federação mais desenvolvida e explorando temas como o humanismo, o progresso tecnológico e o impacto da exploração espacial nas culturas alienígenas e na própria humanidade.

Entretanto, foi com Star Trek: Deep Space Nine (1993-1999)[2] que a franquia mergulhou em águas mais profundas e nuançadas, ao romper parcialmente com o otimismo inabalável das séries anteriores. Digamos que a utopia, em Deep Space Nine, ficou um pouco menos colorida, mostrando que entre o preto e o branco existem muitos matizes a serem explorados.

Ambientada em uma estação espacial[3] localizada nas fronteiras da Federação, próxima ao recém-descoberto Buraco de Minhoca Bajoriano, Deep Space Nine abordou temas como a ocupação militar colonialista[4], a guerra, a reconstrução pós-guerra e, de maneira inédita na franquia – com uma abordagem que nem a contesta nem a celebra *a priori* –, a religião.

O ponto de partida de Deep Space Nine nos mostra o planeta Bajor, lar de uma civilização pacífica e profundamente espiritualizada, saindo de um período de várias décadas de uma brutal ocupação colonialista perpertrada pelos cardassianos, espécie militarista, expansionista e que praticou violência extrema contra os bajorianos, incluindo o genocídio. Nesse momento de transição, Bajor solicita auxílio da Federação dos

2 Star Trek: Deep Space Nine foi criada por Rick Berman (1945-) e Michael Piller (1948-2005), ambos veteranos na franquia que já trabalhavam em Star Trek: A Nova Geração. A série foi ao ar pela primeira vez em 3 de janeiro de 1993, com a exibição do episódio duplo Emissary, e foi muito exitosa atingindo o número de 176 episódios ao longo de sete temporadas.

3 De acordo com SEITZ (2023), a ambientação estática da ação fez com que as tramas da série focassem mais nos eventos e nas interações ao redor da estação, em vez de explorar novos mundos a cada episódio, gerando assim muito mais conflitos interpessoais entre os personagens, que precisavam então lidar com as consequências de seus atos semana a semana. Nas palavras de Robert Hewitt Wolfe, "Um show sobre consequências" [tradução nossa]. (WOLFE In: ALTMAN; GROSS, 2016, p. 466).

4 Como muito precisamente David K. Seitz afirma, "[A estação] Deep Space Nine é, antes de tudo, um lugar pós-colonial" [tradução nossa]. (SEITZ, 2023).

Planetas Unidos, por meio do seu braço científico-diplomático-militar chamado Frota Estelar, para que a antiga estação de processamento de minérios conhecida como Terok Nor (em órbita de Bajor) fosse administrada em conjunto no período de reconstrução do planeta.

A estação é renomeada como Deep Space Nine, assumindo seu comando o comandante (posteriormente capitão) Benjamin Lafayette Sisko que, pouco tempo após sua chegada, realiza uma das maiores descobertas do século: um buraco de minhoca estável, situado dentro do sistema de Bajor, capaz de transportar naves, em questões de segundos, até o Quadrante Gama da galáxia, situado a mais de 70 mil anos-luz de distância. Esta descoberta, se, por um lado, é um grande um marco científico, também se revela portadora de uma importante conotação religiosa, tendo em vista que os bajorianos creem que suas divindades, conhecidas como Profetas, habitam o buraco de minhoca, entendido pela teologia bajoriana como o Templo Celestial.

Assim, Sisko se vê na incômoda posição entre a de representante da Frota Estelar, uma instituição laica e secular, e a reverência prestada a partir de então pelo povo bajoriano a sua figura, agora também de ícone religioso, vista por esta civilização como o Emissário dos Profetas, uma espécie de messias que promoveria a paz e a união dos bajorianos com os seus deuses.

A série introduziu arcos narrativos longos e intricados, com personagens complexos cujos dilemas morais refletiam as realidades de um universo mais ambíguo (Seitz, 2023). O protagonista, Benjamin Sisko (interpretado por Avery Brooks, primeiro ator negro a ser a estrela principal em uma série de Star Trek), não era apenas um oficial da Frota Estelar, mas também o Emissário dos Profetas, uma figura religiosa reverenciada pelo povo de Bajor. Esse aspecto teológico trouxe uma nova dimensão à narrativa de Star Trek, questionando os limites entre fé e razão, e o papel da espiritualidade em um futuro supostamente secular.

O foco em arcos de histórias que se estendiam por múltiplos episódios, e até temporadas, permitiu que Deep Space Nine explorasse de maneira mais profunda as consequências da guerra, as dificuldades da diplomacia e as complexidades das alianças políticas e religiosas. Enquanto A Nova Geração retratava a Federação como uma entidade quase perfeita, Deep Space Nine apresentou um universo onde a moralidade era frequentemente cinzenta, e as escolhas difíceis eram uma parte inevitável da vida (In The Pale Moonlight, 1998).

Enquanto os personagens d'A Nova Geração eram praticamente "santos", vemos que em Deep Space Nine:

> Os personagens frequentemente enfrentam conflitos internos e pessoais, além dos desafios externos. As lutas de Sisko com a perda de sua esposa, Kira com seu passado de resistência, e Odo com sua identidade são exemplos de como a série aprofunda a complexidade emocional dos personagens (Seitz, 2023, p. 5, tradução nossa).

Desse modo, encontramos em Deep Space Nine personagens muito mais complexos, cheios de camadas e repletos de dubiedades. A série desafiou os conceitos utópicos de Roddenberry, oferecendo uma visão mais realista e madura do futuro, onde os conflitos (tanto externos quanto internos) e os sacrifícios eram tão comuns quanto a paz e a prosperidade.

Esses elementos fizeram de Deep Space Nine uma obra singular dentro do universo de Star Trek, destacando-se sua coragem em abordar temas mais sombrios e pela riqueza de seus personagens. Ao entrelaçar temas de guerra e religião com as tradicionais explorações filosóficas de Star Trek, a série criou uma narrativa única que continua a ressoar com o público até os dias de hoje. Nas palavras do geógrafo cultural estadunidense David K. Seitz, todos estes elementos configuram Deep Space Nine como "uma jornada diferente" (Seitz, 2023, p. 10) dentro da tradição de Star Trek.

Ademais, podemos considerar Deep Space Nine como uma precursora do formato atual das séries de televisão e streaming, antecipando a chamada nova era de ouro da TV.[5] Na década de 1990, ainda não eram comuns seriados com grandes preocupações em relação à continuidade e tampouco com a produção de histórias que se estendessem por vários episódios, uma temporada inteira ou até mesmo várias temporadas (como os arcos do Emissário, do pós-ocupação em Bajor e da Guerra Dominion,

5 As características dessa nova era de ouro da televisão incluem personagens complexos que podem ser moralmente ambíguos ou anti-heróis, comportamentos questionáveis, enredos intricados, narrativa fortemente serializada, perspectivas variadas, explorações criativas de questões contemporâneas e conteúdo provocativo (Reese, 2013). Todos estes elementos são encontrados em Deep Space Nine, marcando o caráter pioneiro e disruptivo da série.

em Deep Space Nine). Nesse sentido, Star Trek: Deep Space Nine antecipou o formato que consagraria séries como The Sopranos, The Walking Dead, Lost, Breaking Bad, Mad Men, Dexter, Game of Thrones etc., e que estabeleceria o padrão de produção de grande parte dos shows disponíveis atualmente, inclusive as novas produções da franquia, como Star Trek: Discovery (2017-2024) e Star Trek: Picard (2020-2023).

A religião de Bajor: Catolicismo no espaço?

Antes de adentramos em nossa discussão sobre os messianismos de Sisko e Cristo, é necessário realizarmos um breve sobrevoo sobre a fé bajoriana, como apresentada em Star Trek: Deep Space Nine.

A religião dos bajorianos é um exemplo notável de como a ficção científica pode refletir e reimaginar estruturas religiosas da vida real, sendo frequentemente descrita como uma forma de "catolicismo no espaço" (Osborne, 2015). Essa designação não é casual, pois a fé bajoriana compartilha muitas semelhanças com o catolicismo, tanto em termos de estrutura hierárquica quanto em práticas e crenças. Cabe ressaltar, porém, que Robert Hewitt Wolfe, um dos principais roteiristas e produtores de Deep Space Nine, aponta que não somente o catolicismo serviu como referência para a criação da religião de Bajor, mas também o judaísmo, o budismo e o zoroastrismo (Wolfe, 2024).

A estrutura clerical bajoriana é uma adaptação direta do modelo católico. Os prylars, equivalentes aos monges, os ranjens, similares aos sacerdotes, e os vedeks, que funcionam como bispos, culminam na figura do kai, que desempenha um papel semelhante ao do papa.[6] O kai é eleito pela Assembleia de Vedeks (In The Hands Of The Prophets, 1993) e atua como a mais alta autoridade espiritual em Bajor. Essa hierarquia não apenas guia os bajorianos em questões espirituais, mas também exerce uma influência significativa na política e na vida social de Bajor, refletindo o poder e a influência que a Igreja Católica teve sobre reis e nações.[7]

6 Talvez a diferença mais significativa entre a religião bajoriana e o catolicismo seja o fato de que os membros do clero podem ser tanto homens quanto mulheres. Na série conhecemos duas kais: Opaka e Winn.

7 Nesse sentido, Robert Hewitt Wolfe esclarece: "O sistema não é especificamente católico como pensamos no catolicismo hoje em dia. É o catolicismo dos séculos XV e

No centro da religião bajoriana estão os Profetas, seres venerados como divindades pelos bajorianos. Embora sejam revelados na série como alienígenas avançados vivendo em um buraco de minhoca (Emissary, 1993), essa descoberta não diminui a devoção dos bajorianos, que continuam a adorar e a seguir os ensinamentos desses seres. Essa relação com os Profetas ecoa a maneira como os católicos percebem Deus, onde o mistério da fé e a reverência ao divino permanecem intactos, independentemente das tentativas de racionalização ou explicação científica.

Benjamin Sisko, como Emissário dos Profetas, assume um papel messiânico semelhante ao de Jesus Cristo no cristianismo. Embora Sisko seja reconhecido inicialmente como plenamente humano, sua ligação com os Profetas e seu sacrifício final para salvar Bajor o colocam como uma figura redentora.[8] Assim como Jesus, Sisko é visto como um salvador que transcende sua humanidade e, após sua missão, é assumido corporalmente ao "Templo Celestial", um paralelo com a ascensão de Cristo ao céu. Sisko, no entanto, se diferencia por ser um "messias relutante", um homem que inicialmente resiste à sua designação divina, mas que, eventualmente, abraça seu papel, assim como ocorre em várias narrativas messiânicas.

Os bajorianos também veneram objetos sagrados, como os Orbes, conhecidos como "Lágrimas dos Profetas" (Emissary, 1993). Esses Orbes funcionam de maneira semelhante às imagens e relíquias católicas, sendo centros de adoração e oração. Eles proporcionam experiências espirituais e milagrosas, incluindo visões e curas, reafirmando a presença tangível do divino no mundo físico. Assim como as relíquias no catolicismo, os Orbes são vistos como canais de conexão entre os bajorianos e os Profetas, fortalecendo a fé e a devoção do povo.

A religião bajoriana também apresenta um direito canônico ativo, que muitas vezes se confunde com as leis seculares, especialmente antes da ocupação Cardassiana. Essa sobreposição entre lei religiosa e secular reflete a influência histórica da Igreja Católica, que em muitos períodos da

XVI, quando o papa ocupava um cargo muito mais político do que agora, e quando os Médicis e os Borgias e os reis franceses e todas as outras famílias poderosas do sul da Europa estavam lutando para que o seu candidato se tornasse papa." [tradução nossa]. (In: Erdmann; Block, 2000).

8 Na sétima e última temporada é revelado que Sisko possui ancestralidade ligada aos Profetas, sendo sua mãe uma das habitantes do Templo Celestial.

história, particularmente na Idade Média, governava em conjunto ou acima das autoridades políticas, influenciando as leis e moldando a sociedade.

Os bajorianos comuns mantêm uma visão pragmática e devota de sua fé, similar ao catolicismo moderno. A religião é parte integrante de sua identidade e vida cotidiana, e apesar das revelações sobre a verdadeira natureza dos Profetas, a fé permanece inabalável. Essa devoção é expressa através de práticas como o "Tempo de Purificação" (Bar Associaton, 1996), um período de jejum e oração que se assemelha tanto ao Ramadã quanto à Quaresma, reforçando a importância da comunhão espiritual e da disciplina religiosa.

Na mitologia bajoriana, os Pah-Wraiths – conhecidos também como Kosst Amojan – (The Assignment, 1997) representam uma ameaça espiritual, sendo Profetas renegados que se voltaram para o mal. Eles desempenham um papel análogo ao de Lúcifer no cristianismo, simbolizando a rejeição da paz e da bondade divina. Essa dualidade entre os Profetas e os Pah-Wraiths cria uma narrativa de bem contra o mal que é central para muitas religiões, incluindo o catolicismo, onde a luta contra as forças malignas é uma parte fundamental da jornada espiritual.

Em suma, através de sua estrutura hierárquica, práticas sacramentais e narrativa messiânica, a religião bajoriana em Deep Space Nine reflete e reinventa elementos do catolicismo, que se mostram extremamente importantes para a discussão sobre as relações entre os messianismos de Sisko e Cristo.

Aspectos do Messianismo

Benjamin Sisko, além de oficial da Frota Estelar responsável por comandar a estação Deep Space Nine, passa a ser reverenciado pelo povo bajoriano como uma espécie de messias, uma figura religiosa que é intitulada de Emissário dos Profetas. O Emissário teria o papel, já previsto na teologia bajoriana, de unificar o povo bajoriano, aproximando-o das divindades conhecidas como Profetas, que vivem no chamado Templo Celestial (o buraco de minhoca descoberto por Sisko, no sistema bajoriano), e assim conduzindo Bajor a uma nova era de paz e prosperidade.

Nosso objetivo, aqui, é realizar uma comparação entre as figuras messiânicas de Benjamin Sisko, protagonista de Star Trek: Deep Space Nine, e Jesus Cristo, figura central no cristianismo, utilizando três categorias analíticas principais: consciência messiânica, disposição messiânica e programa messiânico, conforme postuladas pelo teólogo Jeffrey S. Lamp (Lamp, 2010). Essas categorias serão detalhadas ao longo do texto, mas é importante, inicialmente, estabelecer uma compreensão clara do que define um messias.

O termo "messias" tem suas raízes na tradição judaico-cristã, derivado do hebraico "mashíach", que significa "ungido" (Lamp, 2010). Originalmente, o conceito de messias estava relacionado à figura de um líder escolhido por Deus para libertar o povo de Israel, conduzindo-o a uma era de paz e justiça. No cristianismo, Jesus Cristo é reconhecido como o Messias, o salvador prometido que veio redimir a humanidade do pecado, oferecendo a salvação através de sua vida, morte e ressurreição. O messias, portanto, é uma figura de redenção, escolhida para cumprir um propósito divino, cuja missão transcende o plano terreno, englobando aspectos espirituais e escatológicos (Lamp, 2010).

Ao comparar Benjamin Sisko com Jesus Cristo, este texto busca explorar como ambos se encaixam ou divergem desse arquétipo messiânico tradicional. Cada um dos três conceitos mencionados – consciência, disposição e programa messiânicos – oferecerá uma lente específica para essa análise, permitindo uma compreensão mais aprofundada das complexidades e nuances associadas a essas figuras.

Consciência Messiânica, disposição Messiânica e programa Messiânico

O conceito de consciência messiânica (Lamp, 2010) refere-se ao entendimento e reconhecimento, por parte do indivíduo, de que ele é percebido como uma figura messiânica por aqueles ao seu redor. Esse tipo de consciência implica não apenas uma autopercepção do papel especial ou predestinado que lhe é atribuído, mas também uma compreensão das expectativas e responsabilidades que vêm com essa designação. A consciência messiânica pode variar em grau, desde uma leve percepção até uma aceitação plena e ativa do papel de messias.

Quando um indivíduo é atribuído com características messiânicas, ele deve possuir uma consciência mínima desse status para que seu comportamento e decisões possam ser influenciados por essa percepção.

Essa consciência é essencial, pois molda a forma como ele interage com seu ambiente e as pessoas que o cercam. A presença dessa consciência messiânica pode conduzir o indivíduo a uma jornada de autodescoberta, em que ele precisa equilibrar as expectativas externas com suas próprias crenças e identidades.

A consciência messiânica pode se manifestar de diversas maneiras. Em alguns casos, o indivíduo pode inicialmente resistir à ideia de ser um messias, lutando contra o peso das expectativas ou a responsabilidade que vem com esse papel. Em outros casos, ele pode abraçar sua missão, seja por convicção pessoal, seja pela pressão daqueles que o consideram uma figura redentora.

Em entrevista para o autor, falando sobre o caso específico de Sisko, o teólogo estadunidense Jeffrey S. Lamp destaca:

> Inicialmente, parece que Sisko vê a religião dos Profetas apenas como algo com o qual ele deve lidar para cumprir seu mandato de administrar a estação. Ele frequentemente exibe irritação com as atribuições locais do seu papel como Emissário. Ele tem um trabalho a fazer como representante da Federação dos Planetas Unidos, e isso fornece o contexto no qual ele desempenha suas funções, sendo a religião dos Profetas simplesmente uma realidade com a qual ele lida (Lamp; Freitas, 2024, [tradução nossa]).

Lamp aponta que Sisko passa eventualmente a ter a consciência de seu papel como Emissário, porém, por não comungar da fé bajoriana e ser um oficial de um instituição laica, inicialmente instrumentaliza o título a si atribuído para atingir os objetivos da Federação, a saber, tornar o planeta Bajor membro da organização. De qualquer forma, independentemente de como se manifeste, essa consciência é crucial para o desenvolvimento do arquétipo messiânico, pois sem ela, o indivíduo não pode realmente desempenhar o papel que lhe é atribuído.

Além disso, a consciência messiânica frequentemente envolve um senso de missão ou propósito, uma compreensão de que suas ações têm implicações que vão além do comum. Esse senso de missão pode levar o indivíduo a tomar decisões difíceis, sacrificar interesses pessoais em prol de um bem maior, e se engajar em atos que reflitam a responsabilidade que lhe foi conferida.

No entanto, a consciência messiânica também pode trazer desafios significativos. O peso das expectativas pode gerar um fardo emocional e psicológico, levando a crises de identidade, dúvidas pessoais e, em alguns casos, até uma rejeição do papel messiânico. A luta interna entre o desejo de viver uma vida comum e a obrigação de atender às expectativas messiânicas é um tema comum em narrativas religiosas e literárias, evidenciando a complexidade dessa consciência.

Em síntese, a consciência messiânica é um elemento essencial para que o indivíduo possa realmente incorporar o papel de messias. Ela não apenas informa a maneira como ele vê a si mesmo, mas também como ele responde às expectativas daqueles que o consideram uma figura redentora. Esse conceito, portanto, é central para entender o desenvolvimento e a dinâmica das figuras messiânicas em diferentes contextos culturais, religiosos e literários.

Por sua vez, a "disposição messiânica" (Lamp, 2010) refere-se à atitude interior e ao comprometimento do indivíduo que ocupa o papel de messias em relação à sua missão divina. Esse conceito abrange duas dimensões principais: 1) a obediência à vontade divina e; 2) a comunhão pessoal com a divindade (Lamp, 2010). Juntas, essas dimensões formam a base da disposição messiânica, orientando as ações e decisões do messias ao longo de sua jornada.

A obediência à vontade divina é um dos aspectos centrais da disposição messiânica. Um verdadeiro messias não apenas reconhece sua missão, mas também submete sua vontade à de uma autoridade superior, geralmente uma divindade ou uma força transcendental. Essa obediência não é meramente formal ou superficial; ela envolve um alinhamento profundo e sincero com o propósito divino, muitas vezes exigindo sacrifícios pessoais, renúncia a desejos individuais e a aceitação de desafios que transcendem a compreensão humana.

A disposição messiânica em termos de obediência à vontade divina é frequentemente caracterizada por uma entrega total ao que é percebido como um plano maior. Essa entrega pode envolver a realização de atos heróicos, a aceitação de sofrimentos e provações, e a determinação em seguir um caminho traçado pela divindade, independentemente das dificuldades ou incertezas. A obediência messiânica é, portanto, um ato de fé e devoção, onde o messias coloca o bem maior e o cumprimento de sua missão acima de seus próprios interesses.

A comunhão pessoal com a divindade é o segundo pilar da disposição messiânica. Para que o messias possa obedecer plenamente à vontade divina, ele deve estar em constante e profunda conexão com a fonte de sua missão. Essa comunhão vai além de simples rituais ou práticas religiosas; ela envolve uma intimidade espiritual, onde o messias se sente guiado, inspirado e sustentado pela divindade em sua jornada.

A comunhão pessoal permite que o messias compreenda mais claramente a vontade divina, oferecendo-lhe discernimento em momentos de dúvida e força em tempos de adversidade. Essa relação íntima também fortalece a disposição messiânica, pois o messias não se vê como um agente solitário, mas como alguém que opera em conjunto com a divindade. Essa ligação espiritual é crucial para a missão messiânica, pois ela alimenta a confiança do messias na retidão de seu caminho e na justiça de seu propósito.

Resumindo, a disposição messiânica é a expressão prática da consciência messiânica. Enquanto a consciência messiânica reconhece o papel e a missão do messias, a disposição messiânica reflete a maneira como ele vive essa missão, especialmente em relação à obediência à vontade divina e à sua comunhão pessoal com a divindade. Esses dois aspectos são essenciais para que o messias cumpra seu papel de redentor ou salvador, demonstrando tanto a profundidade de sua fé quanto a firmeza de sua determinação em realizar o que lhe foi destinado.

Por fim, o conceito de "programa messiânico" refere-se ao conjunto de ações, metas e propósitos que um messias se propõe a realizar para cumprir sua missão divina. Esse programa é o plano de ação pelo qual o messias busca concretizar o objetivo de sua missão, seja a redenção de um povo, a salvação da humanidade, ou a restauração de uma ordem divina. Diferentemente da consciência e da disposição messiânicas, que se concentram mais no entendimento interno e na atitude do messias, o programa messiânico é a manifestação externa e prática de sua missão.

O programa messiânico envolve a articulação de um conjunto claro de objetivos que o messias deve alcançar. Esses objetivos podem variar amplamente dependendo do contexto religioso, cultural ou narrativo em que o messias opera. Por exemplo, no cristianismo, o programa messiânico de Jesus Cristo inclui a salvação da humanidade, o estabelecimento do Reino de Deus, e a redenção dos pecados. Esses objetivos são centrais para o entendimento de sua missão e guiam todas as suas ações.

Em um contexto mais amplo, o programa messiânico pode envolver a libertação de um povo de opressão, a unificação de nações, ou a inauguração de uma nova era de paz e justiça. Cada programa messiânico é moldado pelas necessidades específicas da comunidade ou do mundo que o messias foi chamado a servir, e é por meio dessas ações que ele valida seu papel como redentor ou salvador.

Além de definir objetivos, o programa messiânico também envolve as estratégias e métodos que o messias usará para atingir esses objetivos. Essas estratégias podem incluir ensinamentos, milagres, intervenções diretas em conflitos sociais ou políticos, ou até mesmo o sacrifício pessoal. No caso de Jesus Cristo, por exemplo, seus métodos incluem a pregação do Evangelho, a realização de milagres como sinais do Reino de Deus, e, finalmente, seu sacrifício na cruz, que é visto como a culminação de seu programa messiânico.

Os métodos adotados por um messias refletem sua compreensão das necessidades do mundo que ele veio transformar e como ele acredita que essas necessidades podem ser melhor atendidas. A eficácia do programa messiânico é frequentemente medida pela capacidade do messias de implementar essas estratégias de forma que produza a transformação desejada, alinhada com a vontade divina.

O sucesso de um programa messiânico é muitas vezes avaliado pelo impacto duradouro que ele deixa. O legado de um messias está intimamente ligado ao sucesso de seu programa messiânico em cumprir as promessas divinas e transformar o mundo de acordo com os objetivos estabelecidos. Esse impacto pode ser imediato ou prolongado, influenciando gerações futuras e moldando a história de maneira significativa.

Por exemplo, o programa messiânico de Jesus Cristo, conforme descrito nos Evangelhos, deixou um legado que perdura há mais de dois milênios, influenciando bilhões de pessoas e moldando a civilização ocidental. O impacto de seu programa messiânico não se limita apenas ao seu tempo de vida, mas continua a ser sentido e reinterpretado ao longo dos séculos. No caso de Sisko, ao abraçar finalmente seu programa messiânico, verificamos a salvação do planeta Bajor, do buraco de minhoca e, em última análise, da galáxia inteira.

Concluindo, o programa messiânico é, portanto, o plano operacional de um messias, composto por um conjunto de objetivos, estratégias e métodos destinados a cumprir sua missão divina. Ele representa a dimensão ativa do papel messiânico, onde a consciência e a disposição messiânicas se traduzem em ações concretas que buscam transformar a realidade conforme o propósito divino. O sucesso de um programa messiânico não apenas valida o messias como um redentor ou salvador, mas também estabelece um legado que pode influenciar culturas e gerações por muito tempo.

Sisko e Cristo: consciência messiânica

Benjamin Sisko é introduzido ao papel de Emissário dos Profetas com um grau significativo de resistência e ambivalência. Ao encontrar os Profetas do buraco de minhoca, Sisko inicialmente não reconhece ou aceita seu papel messiânico. Seu entendimento e aceitação do papel de Emissário se desenvolvem gradualmente ao longo da série, refletindo uma jornada de autodescoberta e aceitação que é contrastante com a consciência messiânica já estabelecida de figuras como Jesus Cristo.

No início, Sisko vê seu papel de Emissário com ceticismo e pragmatismo. Sua principal motivação para aceitar a designação é garantir que Bajor se una à Federação, sem um compromisso profundo com a religião bajoriana. Entretanto, verificamos que esse status começa a se transformar quando Sisko passa a respeitar a religião bajoriana e considera a possibilidade de que as profecias possam ser verdadeiras, mas sua aceitação ainda é incipiente (Destiny, 1998).

No episódio "Accession", Sisko enfrenta um desafio quando um antigo poeta afirma ser o verdadeiro Emissário. A sua luta para retomar o título não é motivada por razões teológicas, mas pela necessidade de manter Bajor fora do sistema terrivelmente excludente de castas (retomado pelo suposto novo Emissário), que comprometeria a entrada do planeta na Federação. Isso demonstra que, embora Sisko esteja começando a reconhecer a importância de seu papel, suas motivações ainda estão fortemente ligadas a preocupações práticas e políticas (Accession, 1996).

A aceitação mais profunda de seu papel ocorre no episódio "Rapture" quando as visões e experiências associadas à sua função de Emissário se tornam cada vez mais convincentes. Sisko começa a falar e agir de maneira mais representativa de uma figura religiosa, citando profecias e abençoando pessoas (Rapture, 1996). No entanto, ele ainda mantém uma abordagem cética, como evidenciado por sua resistência em tratar suas condições físicas resultantes das visões que passa a ter e que lhe causam muito sofrimento.[9]

O episódio "The Reckoning" mostra uma aceitação crescente, com Sisko se preparando para um confronto iminente entre Profetas e Pah--Wraiths, e demonstrando disposição para sacrificar até mesmo a vida de seu filho para cumprir seu papel. (The Reckoning, 1998). A revelação em "Image in the Sand" e "Shadows and Symbols" onde Sisko descobre que sua mãe é uma Profeta, marca um ponto de virada significativo, pois ele finalmente abraça totalmente seu destino. (Image In The Sand; Shadows And Symbols, 1998). No final da série, em "What You Leave Behind", Sisko aceita plenamente seu papel, enfrentando Gul Dukat e, após a vitória, ascendendo ao Templo Celestial. (What You Leave Behind, 1999).

Em contraste com Sisko, Jesus Cristo é descrito como consciente de sua identidade e missão messiânica desde o início de sua vida. De acordo com o Novo Testamento, Jesus é reconhecido como o Senhor e agente da criação, com uma consciência de sua pré-existência e missão redentora (João 1,3; Colossenses 1,16). Desde a infância, conforme mostrado em Lucas 2,49, Jesus demonstra uma consciência de seu papel divino ao responder aos pais sobre a necessidade de estar na "casa de meu Pai".

Sisko e Jesus Cristo exemplificam duas abordagens distintas para a consciência messiânica. Sisko, como Emissário, passa por um processo gradual de aceitação e compreensão de seu papel divino, lutando contra o status que lhe é imposto e eventualmente abraçando-o ao longo de sua jornada. Seu entendimento e aceitação são moldados por eventos e experiências, refletindo uma consciência messiânica que se desenvolve e evolui.

Por outro lado, Jesus Cristo é apresentado como estando plenamente consciente de sua natureza e missão desde o início. Sua identidade messiânica é uma parte integral de sua existência, e ele a abraça completamente e sem hesitação. Enquanto Sisko luta com sua função e seu papel

9 Entretanto, "Após essa experiência [visões], ele [Sisko] parece abraçar com mais entusiasmo seu papel como Emissário. Embora eu não considere que isso altere completamente sua compreensão do mandato da Federação, isso afeta como ele conduz esse papel. Não é mais meramente um expediente político para ele navegar em sua tarefa. Acho que isso esclarece como ele conduzirá seu trabalho de forma a aceitar seu papel como Emissário de uma maneira que atinja os objetivos da Federação." [tradução nossa]. (Lamp; Freitas, 2024, online).

na realização das profecias, Jesus confirma e vive sua missão com plena consciência e propósito.

> Essa é então a maior diferença nas representações. Jesus sempre esteve consciente de seu papel messiânico; Sisko experimentou uma consciência muito gradual de seu papel, tendo inicialmente rejeitado-o Nesse respeito, eu diria que a única semelhança real entre os dois é a identificação literária de ambos como alguém que se enquadra na categoria de uma figura messiânica, seja qual for a definição desse termo no contexto em que o drama se desenrola (Lamp; Freitas, 2024, [tradução nossa]).

Em resumo, a trajetória de Sisko em aceitar seu papel de Emissário é um processo de crescimento e desenvolvimento, contrastando com a consciência messiânica imutável e predestinada de Jesus Cristo, que desde o início é plenamente consciente de sua missão divina.

Sisko e Cristo: disposição Messiânica

A obediência de Benjamin Sisko à vontade divina é marcada por uma tensão contínua entre seu papel como oficial da Frota e sua posição como Emissário dos Profetas. Desde o início, Sisko demonstra resistência ao aceitar seu papel messiânico, visto que ele não considera os Profetas como divindades tradicionais, mas sim como seres alienígenas com uma natureza única. Esse ceticismo e a prioridade dada às suas responsabilidades na Frota Estelar frequentemente entram em conflito com os desejos dos Profetas.

Sisko exibe uma obediência seletiva.[10] Em momentos críticos, como nos episódios "Rapture" e "The Reckoning", ele mostra disposição para

10 Jeffrey S. Lamp descreve este fenômeno como "cooperação seletiva" e afirma: "Li um livro quando era estudante universitário chamado "Ilusões: As Aventuras de um Messias Relutante", de Richard Bach. Esse título parece caracterizar a jornada de Sisko em aceitar seu papel como Emissário. Sisko não quer ser o messias profetizado, mas para cumprir seu mandato na Federação, ele começa a ver a religião dos Profetas como uma oportunidade ocasional que o ajuda a cumprir seu mandato. Assim, sua jornada começa vendo seu papel como Emissário como algo que não precisa investir nenhum significado real e evolui para uma oportunidade de obter maior eficácia na realização de seu mandato. Eventualmente, ele chega à realização de que é de fato

sacrificar sua vida e a de seu filho em nome de suas visões e obrigações como Emissário. (Rapture, 1996); (The Reckoning, 1998). No entanto, em outros episódios, como "Tears of the Prophets" e "Penumbra", Sisko desconsidera os avisos dos Profetas e prioriza suas próprias escolhas pessoais e profissionais, demonstrando uma obediência inconsistente. (Tears Of The Prophets, 1998); (Penumbra, 1999).

Em contraste, Jesus Cristo é apresentado como plenamente obediente à vontade divina desde a eternidade. Sua obediência é uma característica fundamental de sua missão messiânica, evidenciada em passagens como Filipenses (2,6-8) e Marcos (14,36), quando Jesus, mesmo temeroso de seu destino na cruz o abraça fielmente. Jesus não apenas aceita sua encarnação e missão redentora, mas também a abraça de forma irrestrita, exemplificando uma obediência perfeita e constante.

Jesus é descrito como alguém que, desde jovem, demonstra sua obediência a Deus, como na sua declaração no templo (Lucas 2,49), quando afirma esta na casa do Pai. Sua oração no Getsêmani, onde ele pede que a vontade de Deus seja feita, é o ápice de sua disposição messiânica, mostrando sua aceitação completa e submissão ao plano divino.

A obediência de Sisko à vontade divina é marcada por uma abordagem pragmática e seletiva, muitas vezes conflitando com suas responsabilidades como oficial da Frota e suas preferências pessoais. Sisko coopera com a vontade dos Profetas em momentos cruciais, mas também demonstra desobediência quando suas ações vão contra as expectativas divinas. Jesus, por outro lado, é exemplificado como o ideal de obediência messiânica, com uma disposição constante para cumprir a vontade de Deus, desde sua encarnação até sua morte e ressurreição.

A comunhão de Sisko com os Profetas é limitada e marcada pela sua falta de reconhecimento pleno dos Profetas como divindades. Embora ele se comunique com os Profetas por meio de visões, essa comunicação não é acompanhada de práticas rituais ou devoção pessoal convencional. Sisko utiliza as profecias e visões de maneira pragmática, e sua oração, quando ocorre, é feita de forma quase sarcástica, como em "Sacrifice of Angels". Sua interação com as profecias é mais uma questão de gestão estratégica do que de profunda comunhão espiritual. (Sacrifice Of Angels, 1997).

o Emissário e parece aceitar essa responsabilidade de bom grado no final da série. (Lamp; Freitas, 2024, online).

Jesus, por sua vez, possui uma comunhão pessoal profunda e contínua com Deus. Ele ora frequentemente, busca solidão para orar (Marcos 1,35) e ensina seus discípulos sobre a oração (Lucas 11,2-4). Jesus não apenas se comunica com Deus, mas também participa ativamente das práticas e festividades religiosas judaicas, demonstrando uma relação íntima e devotada com a divindade. Sua comunicação com Deus é caracterizada por um envolvimento constante e profundo com os aspectos espirituais e rituais de sua fé.

A comunhão pessoal de Sisko com os Profetas é limitada e, muitas vezes, marcada por uma abordagem pragmática e ocasional. Sisko não participa regularmente das práticas devocionais bajorianas e sua interação com os Profetas é mediada por visões. Em contraste, Jesus Cristo é apresentado com uma profunda e constante comunhão com Deus, participando da vida religiosa e mantendo uma relação íntima e devotada com a divindade, como evidenciado por suas orações e práticas religiosas.

Essa comparação revela que, enquanto Sisko e Jesus compartilham o papel messiânico, suas disposições messiânicas diferem significativamente em termos de obediência e comunhão com a divindade. Sisko demonstra uma abordagem mais cética e prática, enquanto Jesus exemplifica uma obediência e comunhão total e integral.

Sisko e Cristo: programa Messiânico

A missão de Benjamin Sisko como Emissário dos Profetas é complexa e multifacetada. Ao encontrar os Profetas, Sisko é designado para unificar e salvar os bajorianos, um papel que inicialmente rejeita. No entanto, sua posição acaba sendo útil para a Federação, favorecendo a adesão de Bajor e na vitória contra o Dominion. As tensões entre a agenda da Federação e as expectativas religiosas dos Bajorianos frequentemente geram conflitos, especialmente com líderes como Winn Adami, que esperam que Sisko cumpra as profecias bajorianas (In The Hands Of The Prophets, 1993); (Destiny, 1998).

Sisko enfrenta uma série de conflitos entre suas responsabilidades como Emissário e como oficial da Frota, refletidos em episódios onde suas ações agradam a um grupo e desagradam a outro. O programa messiânico de Sisko é marcado por uma resistência e um confronto constante, incluindo o combate entre Profetas e Pah-Wraiths (The Reckoning; Tears Of The Prophets; Image In The Sand, 1998); (What You Leave Behind, 1999). Embora Sisko seja traído por aliados como Winn Adami (Kai Winn), sua salvação e missão não são inteiramente centradas na religião, mas também nos interesses da Federação (Till Death Do Us Part; Strange Bedfellows, 1999).

A missão messiânica de Jesus Cristo começa com seu batismo e suas provações no deserto (Marcos 1,12-13), seguido por uma missão clara de proclamar o reino de Deus. Jesus abraça integralmente seu papel messiânico, mesmo diante de conflitos com as autoridades religiosas judaicas. Sua missão é marcada por uma série de ações redentoras, incluindo resistir às tentações, realizar exorcismos e curas (Marcos 1,21-34), e, finalmente, vencer o mal por meio de sua morte na cruz e ressurreição (Marcos 10,32-34, 45; Atos 2,31-36).

Ambos, Sisko e Jesus, enfrentam traições por aqueles que inicialmente eram aliados, com Sisko sendo rejeitado por Winn Adami e Jesus traído por Judas (Marcos 14,42-50). Sisko também experimenta um conflito espiritual interno, similar ao abandono divino experimentado por Jesus, como quando Sisko sente que os Profetas o abandonaram após sua desobediência (Tears Of The Prophets, 1998) e Jesus lamenta o abandono divino na cruz (Marcos 15,34).

A salvação proporcionada por Sisko é mais orientada para a proteção e inclusão de Bajor na Federação, sendo percebida pelos Bajorianos como um cumprimento das profecias religiosas. Jesus, por outro lado, oferece uma salvação que é espiritual e eterna, provendo redenção pessoal, espiritual e vitória sobre o pecado, com implicações tanto temporais quanto eternas para os redimidos (1 Cor 15,24).

Enquanto Jesus é frequentemente mostrado como um professor e pregador, com destaque para o Sermão da Montanha e suas parábolas, Sisko é raramente retratado como um orador religioso. No entanto, no final da série, Sisko começa a se assemelhar mais a Jesus, com uma "ascensão" aos reinos celestiais e a promessa de retorno (Lucas 24,51; João 14,3); (What You Leave Behind, 1999). A diferença fundamental é que Jesus é injustamente condenado e executado pelos pecados da humanidade, enquanto Sisko atua de forma mais ativa no confronto com os Pah-Wraiths e se sacrifica por Bajor.

A missão de redenção de Sisko resulta como um subproduto incidental dos deveres da Frota Estelar, interpretada pelos bajorianos como cumprimento das profecias. Em contraste, Jesus segue intencionalmente um programa redentor, cumprindo a vontade de Deus com foco na salvação espiritual e eterna.

A título de conclusão

Ao compararmos Benjamin Sisko com Jesus Cristo, é evidente que as diferenças em suas representações messiânicas são profundas e refletem as distintas concepções religiosas e culturais em seus mundos narrativos. Sisko é retratado como uma figura que, inicialmente, resiste ao papel messiânico que lhe é atribuído e cuja obediência à vontade divina é marcada por uma cooperação seletiva com os Profetas, que ele vê mais como uma raça alienígena do que como divindades. Sua comunhão com os Profetas é esporádica e relutante, com um verdadeiro senso de aceitação surgindo apenas no final de sua jornada.

Por outro lado, Jesus Cristo é descrito como alguém que desde o início está consciente de sua missão divina, que abraça plenamente a vontade de Deus e que mantém uma comunhão constante e alegre com a divindade. Sua redenção é intencional e diretamente ligada à sua missão divina, enquanto a redenção que Sisko oferece aos bajorianos é, para ele, um resultado incidental de suas responsabilidades na Frota Estelar, embora seja interpretada pelos bajorianos como o cumprimento de profecias religiosas.

Essas distinções evidenciam a complexidade de cada figura dentro de seus contextos narrativos. A trajetória de Sisko, com suas nuances e resistências, contrasta fortemente com a de Cristo, que é um exemplo de obediência e missão divinas desde o início, reforçando as diferentes maneiras como cada figura é percebida como um emissário ou messias em seus universos.

Referências

ALTMAN, M. A.; GROSS, E.

The Fifty-Year Mission: The Next 25 Years. New York: St. Martin's Press, 2016.

BÍBLIA SAGRADA

Bíblia Online. Disponível em: https://www.bibliaonline.com.br/. Acesso em: 14 ago. 2024.

ERDMANN, TERRY J.; BLOCK, PAULA M.

Star Trek: Deep Space Nine Companion. New York: Pocket Books, 2000.

FREITAS, EDUARDO PACHECO

Star Trek: utopia e crítica social. Rio de Janeiro: Autografia, 2019.

HISE, JAMES VAN.

Roddenberry: The Man Who Created Star Trek. New York, 2015.

LAMP, JEFFREY S.

The Sisko, The Christ: A Comparison of Messiah Figures in the Star Trek Universe and the New Testament. In: *Star Trek as Myth*: Essays on Symbol and Archetype at the Final Frontier, edited by Matthew Wilhelm Kapell (Jefferson, NC: McFarland Press, 2010), 112-28.

LAMP, JEFFREY S. & FREITAS, EDUARDO PACHECO

Sisko, Emissary of the Prophets: Interview with Theologian Jeffrey S. Lamp. *Apenas um Trekker*, 2024. Disponível em: https://apenasumtrekker.medium.com/sisko-emissary-of-the-prophets-interview-with-theologian-jeffrey-s-lamp-fe2a07624278. Acesso em: 14 ago. 2024.

OSBORNE, KAREN

Space Catholics: The Bajorans. *Sacred Earthlings*, 2015. Disponível em: http://www.sacredearthlings.com/space-catholics-the-bajorans/. Acesso em: 14 ago. 2024.

REESE, HOPE

Why is the golden age of TV so dark? The Atlantic, 29 jul. 2013. Disponível em: https://www.theatlantic.com/entertainment/archive/2013/07/why-is-the-golden-age-of-tv-so-dark/277696/. Acesso em: 14 ago. 2024.

SEITZ, DAVID K.

A Different Trek: Radical Geographies of Deep Space Nine. University of Nebraska Press, 2023.

WOLFE, ROBERT HEWITT.

Writergeekrhw. Hello Robert, I love the Bajorian faith...

Tumblr, 2024. Disponível em: https://www.tumblr.com/writergeekrhw/708303857993014272/hello-robert-i-love-the-bajorian-faith-i-would. Acesso em: 14 ago. 2024.

Referências de episódios

ACCESSION

Star Trek: Deep Space Nine. Direção de Les Landau; roteiro de Jane Espenson. Paramount Pictures, 1996. Temporada 4, episódio 16. Disponível em: https://www.netflix.com/watch/70205894 Acesso em: 14 ago. 2024.

BAR ASSOCIATION

Star Trek: Deep Space Nine, episódio 15, temporada 4, direção de LeVar Burton; roteiro de Ira Steven Behr e Robert Hewitt Wolfe. Estados Unidos: Paramount Pictures, 1996. Disponível em: https://www.netflix.com/watch/70205893 Acesso em: 14 ago. 2024.

DESTINY

Star Trek: Deep Space Nine. Direção de Les Landau; roteiro de David Steve Cohen e Martin A. Winer. Paramount Pictures, 1998. Temporada 3, episódio 15. Disponível em: https://www.netflix.com/watch/70205866 Acesso em: 14 ago. 2024.

EMISSARY. S

tar Trek: Deep Space Nine, episódios 1 e 2, temporada 1, direção de David Carson; roteiro de Rick Berman e Michael Piller. Estados Unidos: Paramount Pictures, 1993. Disponível em: https://www.netflix.com/watch/70205806 Acesso em: 14 ago. 2024.

IMAGE IN THE SAND

Star Trek: Deep Space Nine. Direção de Les Landau; roteiro de Ira Steven Behr e Hans Beimler. Paramount Pictures, 1998. Temporada 7, episódio 1. Disponível em: https://www.netflix.com/watch/70205956 Acesso em: 14 ago. 2024.

IN THE HANDS OF THE PROPHETS

Star Trek: Deep Space Nine, episódio 19, temporada 1, direção de David Livingston; roteiro de Robert Hewitt Wolfe. Estados Unidos: Paramount Pictures, 1993. Disponível em: https://www.netflix.com/watch/70205825 Acesso em: 14 ago. 2024.

IN THE PALE MOONLIGHT

Star Trek: Deep Space Nine, episódio 19, temporada 6, direção de Victor Lobl; roteiro de Michael Taylor. Estados Unidos: Paramount Pictures, 1998. Disponível em: https://www.netflix.com/watch/70205948 Acesso em: 14 ago. 2024.

PENUMBRA

Star Trek: Deep Space Nine. Direção de Steve Posey; roteiro de René Echevarria. Paramount Pictures, 1999. Temporada 7, episódio 17. Disponível em: https://www.netflix.com/watch/70205976 Acesso em: 14 ago. 2024.

RAPTURE

Star Trek: Deep Space Nine. Direção de Jonathan West; roteiro de Hans Beimler. Paramount Pictures, 1996. Temporada 5, episódio 10. Disponível em: https://www.netflix.com/watch/70205913 Acesso em: 14 ago. 2024.

SACRIFICE OF ANGELS

Star Trek: Deep Space Nine. Direção de Allan Kroeker; roteiro de Ira Steven Behr e Hans Beimler. Paramount Pictures, 1997. Temporada 6, episódio 6. Disponível em: https://www.netflix.com/watch/70205935 Acesso em: 14 ago. 2024.

STRANGE BEDFELLOWS

Star Trek: Deep Space Nine. Direção de René Auberjonois; roteiro de Ronald D. Moore. Paramount Pictures, 1999. Temporada 7, episódio 12. Disponível em: https://www.netflix.com/watch/70205980 Acesso em: 14 ago. 2024.

THE RECKONING

Star Trek: Deep Space Nine. Direção de Jesús Salvador Treviño; roteiro de David Weddle e Bradley Thompson. Paramount Pictures, 1998. Temporada 6, episódio 21. Disponível em: https://www.netflix.com/watch/70205950 Acesso em: 14 ago. 2024.

SHADOWS AND SYMBOLS

Star Trek: Deep Space Nine. Direção de Allan Kroeker; roteiro de Ira Steven Behr e Hans Beimler. Paramount Pictures, 1998. Temporada 7, episódio 2. Disponível em: https://www.netflix.com/watch/70205957 Acesso em: 14 ago. 2024.

TEARS OF THE PROPHETS

Star Trek: Deep Space Nine. Direção de Allan Kroeker; roteiro de Ira Steven Behr e Hans Beimler. Paramount Pictures, 1998. Temporada 6, episódio

26. Disponível em: https://www.netflix.com/watch/70205955 Acesso em: 14 ago. 2024.

TILL DEATH DO US PART

Star Trek: Deep Space Nine. Direção de Winrich Kolbe; roteiro de David Weddle e Bradley Thompson. Paramount Pictures, 1999. Temporada 7, episódio 18. Disponível em: https://www.netflix.com/watch/70205978 Acesso em: 14 ago. 2024.

WHAT YOU LEAVE BEHIND

Star Trek: Deep Space Nine. Direção de Allan Kroeker; roteiro de Ira Steven Behr e Hans Beimler. Paramount Pictures, 1999. Temporada 7, episódios 25 e 26. Disponível em: https://www.netflix.com/watch/70205995 Acesso em: 14 ago. 2024.

7

A VIDA ARTIFICIAL COMO AMEAÇA: FICÇÃO CIENTÍFICA E IMAGINÁRIO RELIGIOSO[1]

Cleber Baleeiro[2]

Ficção científica e imaginário

Em 2019, o site da *Gazeta do povo* reproduziu um artigo, publicado inicialmente no *The New York Times*, sobre o cientista da computação Yoshua Bengio trazendo o seguinte título: "Pioneiro da IA teme 'robôs assassinos' e prefere seguir uma visão positiva, a la *Star Trek*" (Bilefsky, 2019). Independente do teor sensacionalista da chamada, nela estão colocadas duas diferentes visões sobre a relação do ser humano com as máquinas, que me parecem paradigmáticas no que concerne ao imaginário relacionado à ficção científica: uma distópica, representada pelos "robôs assassinos", e outra utópica, representada por *Star Trek*[3]. Podemos inicialmente perguntar se essa fala é legítima, enquanto uma real possibilidade de, no futuro, termos de lidar com situações de ameaça ou de prosperidade devido ao desenvolvimento da vida artificial ou se é somente uma ironia, uma brincadeira em que o cientista relaciona os desenvolvimentos recentes de sua área de atuação com o imaginário popular. Isso nos coloca algo que é mais

1 Este ensaio retoma uma conferência sobre *Religião e ficção científica*, apresentada no terceiro congresso do TeoGeek, em 24 de setembro de 2022.

2 Doutor em Ciências da religião, participante do grupo de estudos TeoGeek e da Sociedade Paul Tillich do Brasil.

3 Sobre a ideia de utopia na franquia de séries e filmes *Star trek*, vale a pena a leitura do capítulo introdutório (*Criticar a sociedade, construir a utopia*) do livro *Star trek: Utopia e crítica social*, de Eduardo Pacheco Freitas.

importante do que a impressão inicial que podemos ter quando pensamos em ficção científica: ela não é simplesmente recreativa ou um elemento artístico e cultural (considerando somente a dimensão de entretenimento a partir da qual a cultura pop comumente é compreendida), mas é também expressão da situação do ser humano em sua relação com a moderna tecnociência. Por outro lado, enquanto obra, ao mesmo tempo em que se expressa, a ficção científica remodela essa relação e seu imaginário.

Um exemplo disso encontramos na própria franquia de séries e filmes *Star Trek*, citada por Bengio. *Star Trek* expressa a situação do ser humano diante dos desenvolvimentos técnico-científicos representando um futuro utópico, em que a humanidade superou seus principais problemas históricos, como a guerra e a violência, a fome, a exploração da força de trabalho pelo capital, a cura das doenças mais graves, o racismo e o sexismo. Não é que esses problemas não existam na franquia, mas não são problemas próprios da humanidade, mas de outras raças com quem os humanos convivem em sua exploração do espaço. Desse modo, a série reflete sobre a situação do ser humano atual através da contraposição: uma humanidade utópica convivendo com sociedades que representam os problemas humanos atuais ou distopias como representações da estrapolação desses problemas. Por outro lado, *Star trek* também influência o modo como vivemos. Neste sentido, Eduardo Pacheco Freitas (2019, p. 28-29), por exemplo, afirma:

> Os primeiros celulares tiveram seu designe baseado nos comunicadores da tripulação da série clássica. Um ônibus espacial foi batizado de Enterprise. Cientistas renomados, como Stephen Hawking e Neil de Grasse Tysson sempre manifestaram seu amor por *Star Trek*. [...] Ou seja, de série influenciada pela ciência Star trek passou a influenciar cientistas.

É importante entendermos que quando Freitas traz esses exemplos tem a intenção somente de mostrar o alcance e o sucesso da franquia, mas neles está implícito algo que procuramos mostrar aqui, que é o fato da ficção científica não somente representar a situação do ser humano diante dos desenvolvimentos tecnológicos e científicos, mas também influenciar o imaginário que construímos sobre eles.

Fátima Régis de Oliveira, aplicando a discussão de Wolfgang Iser sobre ficção e imaginário na literatura à ficção científica, nos ajuda a compreender isso. Ela afirma o seguinte:

> Iser substitui o dualismo clássico entre real e ficcional por uma relação triádica: real, ficcional e imaginário (1993, p. 2). A relação entre as três partes funciona assim: o ato ficcional parte do real/existente, de onde tira a veracidade necessária para a cumplicidade entre autor e leitor, e acrescenta-lhe uma qualidade imaginária, colocando em contato real e imaginário. Se por um lado, ao apelar para o imaginário, a ficção conduz a realidade para além de seus limites, por outro, ela captura e dá forma ao imaginário, que quando livre é um repertório de imagens, fantasias e sonhos em constante metamorfose e dispersão (Oliveira, 2006, p. 2).

A conclusão a que ela chega e que interessa a essa nossa reflexão é a seguinte:

> a ficção científica (ato de ficcionalização) tem a função de cruzar as fronteiras entre o real/existente (os produtos engendrados pela tecnociência) e o imaginário de sua época (Iser, 1993). Mas acreditamos que o cruzamento de fronteiras operado pela atividade ficcional não se limita a retirar elementos do imaginário e do real e recombiná-los no texto ficcional, como sugere Iser. Nossa hipótese é que a ficção os devolve, reconfigurando tanto a realidade quanto o imaginário (Oliveira, 2006, p. 3).

O que ela afirma é que a obra não somente é um resultado, mas também resultadora. A ficção científica contém elementos da realidade e do imaginário, mas em contrapartida, incide sobre a realidade e sobre o imaginário. É por isso que quando falamos em viagens espaciais não conseguimos desligar totalmente nossa fala das naves espaciais e dos seres alienígenas que povoam nosso imaginário e que foram formados, sobretudo, pelo cinema, pelos quadrinhos e pela literatura; do mesmo modo, quando pensamos em vida artificial estamos imersos em um universo povoado – às vezes de modo conflitivo ou contraditório – por "robôs assassinos" e pelo futuro progressivista de Star Trek.

O que procuramos neste ensaio é, a partir dessa noção de ficção científica, refletir sobre a situação do ser humano diante do tema da ameaça provocada pela vida artificial, tema tão caro à cultura pop e que ganha novo fôlego nos últimos anos com o desenvolvimento e popularização das tecnologias de inteligência artificial.

Origens da ficção científica e a situação do ser humano

O surgimento da ficção científica é bastante discutido, mas geralmente se entende a obra *Frankenstein*, de Mary Shelley, como um marco, mesmo sendo publicados pouco tempo antes outras obras do gênero, como alguns dos contos de E. T. A. Hoffmann. Seu desenvolvimento se deu sobretudo na segunda metade do século XIX e início do século XX, com Júlio Verne e H. G. Wells. Segundo Muniz Sodré (1973, p. 36), ela "só desabrocharia realmente em 1926 com a publicação, por Gernback, da revista *Amazing Stories* - um amontoado de aventuras com ênfase nos aspectos técnico científicos". A revista misturava ficção e ciência, através das avaliações de cientistas, engenheiros e técnicos do conteúdo científico e tecnológico das narrativas, o que ajudou a popularizar o segmento inserindo um teor de credibilidade à fantasia. É importante atentarmos para o momento em que ela surge e ganha força, no início do século XIX, porque é justamente um período em que a Europa – e, consequentemente, o mundo – se dava conta do intenso processo de transformação pelo qual o ser humano estava passando.

As ideias iluministas marcaram significativamente o início da ficção científica. Ainda que no século XIX elas ganhassem outros contornos, especialmente pelo advento do Romantismo, ainda tinham grande influência e se alinhavam ao cientificismo que se desenvolvia. Um exemplo dessa relação entre o racionalismo iluminista e o cientificismo encontramos em Auguste Comte e sua compreensão progressivista da história do conhecimento, em que a ciência positivista superaria o pensamento mítico-religioso e o metafísico-filosófico. Na compreensão comtiana de história estavam contidas duas ideias basilares do pensamento ocidental que tomaram corpo no Iluminismo, a crença na razão (que posteriormente se tornou crença na ciência) para resolução dos problemas da humanidade e a crença no progresso da humanidade, como secularização da história cristã da salvação[4]. Os séculos anteriores foram marcados por um processo de transformação cultural gerado por tensões entre diferentes compreensões de mundo e de ser humano, representados por dicotomias, como autonomia e heteronomia e fé e razão. O século XIX representou certo arrefecimento de tensões possibilitando a sedimentação de ideias como democracia e secularização. Entretanto, tais tensões nunca foram totalmente resolvidas, antes tomaram corpo em outros espaços como a literatura.

Associado a esse processo de construção de imaginário a partir da relação em racionalismo e cientificismo e ideologia do progresso, estava a herança simbólica da Revolução industrial. O surgimento da máquina a vapor que substituía o trabalho manual – e até a roda d'água – colocou para o ser humano uma questão importante: qual o seu lugar no mundo no que concerne ao trabalho, considerando a eficiência produtiva da máquina? Ainda que a ficção científica tenha tentado em muitos momentos olhar de forma otimista para o desenvolvimento da máquina, a Revolução industrial representou na Europa uma série de diferentes problemas, como o crescimento desordenado das cidades e, consequentemente, da miséria, da fome e de epidemias, bem como a divisão ainda mais injusta do capital através da venda da força de trabalho para as fábricas. O ser humano, em sua relação com a fábrica, tornou-se equivalente à máquina: precisou especializar-se cada vez mais e vender sua força de trabalho, não somente operando a máquina, mas, tornando-se parte dela, de sua repetição e necessidade de inesgotamento. Um exemplo dessa relação do ser humano com a fábrica e da despersonalização do indivíduo está em um dos clássicos do cinema de ficção científica, o filme *Metrópoles*, de Fritz Lang.

No início do século XIX, especialmente nas sociedades industrializadas, o imaginário que permeava era a de uma ciência sem limites, em que o ser humano perderia cada vez mais espaço para a máquina no espaço de trabalho; mas enquanto o trabalho humano se tornava mais automatizado, a máquina deveria se tornar mais humana, ou melhor, ganhar aspectos humanos, ainda que miméticos e radicalmente artificiais, como os robôs retratados em contos e no cinema. Em muitos momentos, essa humanização das máquinas foi compreendida como um tipo de ameaça, não somente

4 Tratei dessa discussão anteriormente em outros textos (Baleeiro, 2011 e Baleeiro, 2022).

de roubar o lugar do ser humano, mas de dominá-lo e subjuga-lo. Um exemplo desse imaginário que perseverou por todo o século XX – e ainda persevera –, em que a máquina/ferramenta, que inicialmente serviria ao ser humano torna-se sua substituta e, por fim, o domina, encontramos em *2001: uma odisseia no espaço*5.

É importante notarmos que a ficção científica expressa as questões que são propostas pelo momento histórico. Em sua origem, o desajuste dos indivíduos diante da perda de espaço de trabalho para as máquinas e, ao mesmo tempo, esperança de que a ciência e a tecnologia trariam benefícios para toda a humanidade levantavam questões que eram apresentadas através de imagens, como a de dominação do mundo por seres extraterrestres ou robôs, sociedades futuristas utópicas ou distópicas de um mundo automatizado. É nesse sentido, como dissemos anteriormente, que a ficção científica expressa a situação do ser humano diante da tecnociência. A definição de ficção científica de Isaac Asimov faz muito sentido aqui, para ele ela é o "ramo da literatura que trata das respostas do homem às mudanças ocorridas ao nível da ciência e da tecnologia" (Asimov, 1984, p. 46).

A ideia de vida artificial

Nos últimos anos, tem se tornado cada vez mais conhecidas as diferentes tecnologias de inteligência artificial (IA), mencionadas por Bengio no artigo apresentado no início de nossa discussão. Esse tema se relaciona a algo que é bastante recorrente na ficção científica, que é a vida artificial. A IA, na ficção científica, de modo geral, costuma aparecer de duas maneiras: como ferramenta e como um tipo de vida. O segundo modo é o que mais nos interessa, visto que o primeiro atualmente já deixa de ser ficção.

A ficção cientifica coloca para nós algumas questões que ainda não podem ser respondidas, mas que já ultrapassam a esfera da "ficção", tornando-se uma preocupação válida. A ideia de vida pode ser aplicada à

5 O filme de Stanley Kubrick apresenta no início um grupo de primatas descobrindo o uso da ferramenta, no caso, um osso, usado para caçar e guerrear. Há uma cena em que esse osso é jogado para cima, a cena é cortada para uma estação espacial no futuro. No decorrer do filme se descobre que um computador responsável por uma nave se torna tão perfeito e autoconsciente que se permite cometer assassinatos.

máquina ou a um programa de computador? O que define o limite entre máquina e ser vivente? Esses são temas recorrentes em diferentes obras. Em *O homem bicentenário*, de Asimov, por exemplo, um robô aos poucos adquire consciência de si e sentimentos, a ponto de se reconhecer como um indivíduo, ele busca sua própria identidade e o reconhecimento da sociedade em relação à sua condição de ser vivo. Como afirmação de sua humanidade, ele substitui, aos poucos, seu corpo cibernético por um corpo orgânico, o que o possibilita morrer, afirmando assim, na tragédia do poder-morrer sua humanidade. Na série *Star Trek: The next generation*, em um dos episódios mais celebrados da franquia (*The measure of a man*), baseado na narrativa de Asimov, o Tenente-comandante Data, um androide cujo maior desejo é experimentar sentimentos humanos, é julgado por um tribunal que visa decidir se ele é um equipamento pertencente à Frota estelar ou é uma pessoa, um ser vivo. Ao fim do episódio fica decidido que Data é um ser vivo, ainda que para se chegar a esse veredito o conceito de vida tenha sido ampliado para além da vida biológica.

A ficção científica nos questiona sobre o próprio conceito de vida como um contraponto, ainda que ficcional, das definições biológicas. Isso nos remete ao início de nossa discussão: ela é expressão e tentativa de compreensão da situação do ser humano em sua relação com a tecnociência. Ou seja, a ela coloca diante de nós a preocupação referente ao conceito de vida através da humanização da máquina ou do programa de computador, mas, enquanto faz isso, expressa o problema maquinização do ser humano, que pode representar a perda de sentido do trabalho, como aludido anteriormente, bem como à emergência do ciborgue[6].

Fátima de Oliveira, discutindo a origem da ficção científica na modernidade, como um produto dela, afirma que esta separou máquina, humanos e animais, tornando a tecnologia um instrumento de alienação; a ficção científica, por sua vez, rompeu com essas fronteiras. Assim,

> Enquanto pensadores e cientistas buscam as condições de concretização da Utopia Moderna por meio da antecipação do futuro, os escritores de ficção científica narram as outras utopias, distopias e heterotopias possibilitadas pelo entre subjetividade, tecnociência e outras configurações do espaço-tempo (Oliveira, 2005, p. 116).

6 Cf. Pereira, 2024, p. 41-43.

Dessa forma, falamos aqui em vida artificial como um elemento próprio da ficção científica, mas que coloca para nós questões a respeito do modo como vivemos e de nossa relação com a tecnociência.

A ameaça da vida artificial

A primeira ideia de vida artificial na ficção científica aparece logo na obra que mencionamos como o marco fundador do gênero, o *Frankenstein*, de Mary Shelley. O ser criado por Victor Frankenstein, um monstro de força sobre-humana, feito da junção de corpos de pessoas mortas é – tendo em mente a citação de Oliveira contrapondo ficção científica e racionalidade moderna – a representação dos dilemas gerados na modernidade, um ser fragmentado, sem identidade e, por isso angustiado, cujo poder destrutivo abarca até mesmo a razão que o criou.

Entretanto, quando falamos de vida artificial na ficção científica, somos remetidos à ideia de máquina viva, como nos exemplos apresentados anteriormente (o robô, ou androide, Andrew, do livro *O homem bicentenário*, e o androide Data, de *Star Trek: Next generation*). Os tipos de máquinas vivas mais comuns são: o robô, o androide e o supercomputador. O termo "robô" tem origem na palavra tcheca "*robota*", que indica servidão; apareceu pela primeira vez na peça *R.U.R. - Robôs Universais Rossum*, de Čapek, em 1920 e se tornou um termo utilizado para se referir a máquinas que desempenham ações previamente programadas ou autônomas. O termo superou os limites da ficção científica e, desde o fim da primeira metade do século XX, passou a ser utilizada para máquinas desenvolvidas para a indústria.

Na ficção científica, a palavra "robô" pode ter conotações genéricas e indicar desde máquinas mecânicas ou elétricas previamente programadas para caricaturarem os seres humanos, como o próprio androide pode ser identificado como um tipo de robô. O androide se difere dos robôs, em geral, por ser representado com características físicas humanas, podendo, em alguns momentos ser confundido com um ser humano. Além das características físicas, ele pode também ter características emocionais e afetivas humanas. O androide é o tipo de vida artificial que mais se aproxima do ser humano. O supercomputador, por sua vez, é a vida artificial representada pela racionalidade. Geralmente aparece na literatura ou no cinema com um tipo perfeito (ou quase) de inteligência que supera a inteligência humana. Se o androide é a máquina adquirindo aspectos humanos, o supercomputador é a máquina adquirindo aspectos divinos, sem a necessidade de um corpo, podendo controlar tudo, especialmente as sociedades futuristas dependentes das máquinas.

Relacionado ao imaginário da vida artificial está a ideia de ameaça. O robô geralmente é mais forte que o ser humano, podendo também ser mais rápido, inteligente e habilidoso. Isso, por si só, já pode indicar um potencial perigo, além do sentido de impotência, de insuficiência diante dos limites humanos. Ele pode ser usado por um indivíduo para subjugar outros ou pode, autonomamente, por defeito, erro de programação ou conclusão lógica destruir ou dominar os seres humanos. Como um modo de "domesticar" os robôs, Asimov (1976, p. 1) criou suas famosas Leis da Robótica:

> 1. Um robô não pode ferir um ser humano ou, por omissão, permitir que um ser humano sofra algum mal.
> 2. Um robô deve obedecer às ordens que lhe sejam dadas por seres humanos, exceto nos casos em tais ordens contrariem a Primeira Lei.
> 3. Um robô deve proteger sua própria existência, desde que tal proteção não entre em conflito com a Primeira e a Segunda Lei.

Essas leis, que tinham como finalidade proteger os seres humanos, seriam parte da programação do "cérebro positrônico" dos robôs. Ele procurou aplicá-las em boa parte de sua obra, mas para que não houvesse prejuízo na ação da trama, visto que a oposição entre humanos e robôs precisava ser explorada, em alguns momentos elas precisaram ser burladas através de algum erro na programação ou mesmo de um desenvolvimento de consciência que dava ao robô senso de identidade e autopreservação que superavam as leis a que estavam submetidas.

Segundo Fátima de Oliveira (2006, p. 7), a ideia de vida artificial como ameaça está ligada principalmente à primeira fase[7] da ficção científica –

7 Entre as diferentes classificações da história da ficção científica, uma das mais aceitas é a que a divide em quatro períodos: era clássica, era de ouro, era *new wave* e era *cyberpunk*.

robôs representados como seres mecânicos e metálicos, de pensamento lógico e amoral. Na era de ouro da ficção científica – entre os anos 30 e 50 – há uma mudança no modo como os robôs são apresentados: de ameaças se tornam mal compreendidos, aliados dos seres humanos, preocupados com a própria existência. Ieda Tucherman (2006, p. 83), tratando do corpo na ficção científica a partir do cinema, explica o motivo dessa mudança:

> As décadas seguinte celebraram a era da máquina [...]: assim, os anos 30 foram um período de sua celebração, instituindo o império da modernização, das novas tecnologias e dos novos princípios científicos, sobretudo pela divulgação dos valores utilitários que começaram a organizar o comércio e a produção, e a alterar, de maneira irreversível o panorama da vida cotidiana.

Assim, a máquina, anteriormente vista como aquilo que tomava o lugar do ser humano no ambiente de trabalho, passa a representar progresso, desenvolvimento. A ideia de que o ser humano, substituído pela máquina, seria relegado ao desemprego, à miséria ou a perda de identidade é substituída pela ideia, quase paradisíaca de descanso, mais tempo livre para o lazer, as atividades intelectuais e a família. Os indivíduos trabalhariam menos, já que os robôs fariam parte do serviço, especialmente as tarefas braçais ou arriscadas. Por trás disso está a mudança no próprio modo de trabalho, como conquistas de direitos trabalhistas, aumento do ganho real de salário e diminuição de jornada de trabalho. Mas não podemos desconsiderar os componentes ideológicos envolvidos. A vida do trabalhador não melhora necessariamente porque a indústria substitui parte do trabalho humano pelo trabalho de máquinas, apesar de esse ser um tema em muitas obras.

A relação do ser humano com a máquina também muda fora do ambiente de trabalho, o desenvolvimento dos aparelhos eletroeletrônicos e sua adesão tem com a ficção científica uma relação de troca: ao mesmo tempo em que a adesão a esses produtos possibilitaram ao cinema e à literatura explorar outros aspectos da máquina, inclusive da vida artificial, além do conflito, essas obras também incentivaram o consumo de produtos tecnológicos. Ieda Tucherman (2006, p. 83) percebeu isso em relação ao cinema: "Lembremos que coube ao cinema parte importante da tarefa de domesticação desses aparatos que povoam o mundo moderno, gerando um universo de desejo e consumo".

Tal mudança não significa necessariamente que a ideia de vida artificial como ameaça tenha sido deixada de lado, máquinas que se rebelam contra seus criadores ou que tentam escravizar ou destruir os seres humanos permanece no imaginário popular, ainda que como herança da tradição do gênero ou pela própria relação do ser humano com a moderna tecnociência que ainda hoje é ambígua e carregada de questões fundamentais sobre o próprio ser humano. Franquias de filmes, como *O exterminador do futuro* e *Matrix*, jogos de videogame, como *Horizon: Zero down* e *Detroit: Become human*, e séries, como *Westword* e *Battlestar galactica*, por exemplo exploram esse tema ainda hoje.

O imaginário da criação

O imaginário da vida artificial se intersecciona com o imaginário judaico-cristão da criação. Fátima de Oliveira (2003, p. 185), tratando da ficção científica como uma narrativa da subjetividade do homem-máquina, afirma o seguinte: "Subjacente à interrogação *o que é o humano?* residem as indagações sobre *o que é a vida?* e *quem tem o poder de gerá-la?*". Vida artificial é vida criada[8]. Ou seja, é um tipo de vida que pressupõe um criador humano. Isso coloca duas questões importante no âmbito do imaginário: (1) A ideia de que o criador humano assume o lugar tradicionalmente designado a Deus ou, pelo menos, o mimetiza; e (2) a ideia de que a criação pelo ser humano aponta para um tipo de insuficiência e, consequente, imperfeição da criação divina.

As duas ideias aparecem na já mencionada peça de Čapek, *R.U.R. - Robôs Universais Rossum*. A peça retrata um mundo futurista em que robôs são construídos para servirem de operários eficientes, sem desejos ou ambições, sem sentimentos, apenas trabalham. Através de mudanças em sua programação, com o objetivo de torná-los mais humanos, rebelam-se contra os seres humanos e dominam todo o planeta. Há um trecho

8 A palavra "artificial" vem do latim "*ars*", de onde vem a palavra "arte", e "*facere*", de "fazer" ou "criar", indicando que o artificial se opõe ao natural por ser sempre produzido pelo ser humano.

da peça que nos ajuda a refletir sobre a ideia de criação, este é parte de um diálogo entre Harry Domin, gerente da empresa de robôs, e a jovem Helena Glory, que está preocupada com a forma "pouco humana" a que são submetidos os robôs no que concerne ao trabalho. Primeiro, aparece a ideia do criador humano como substituto de Deus:

> Aquele velho Rossum era um maluco. [...] Aquele velho baratinado queria fazer gente. [...] Ora, o velho Rossum queria dizer literalmente. Ele queria se tornar uma espécie de substituto científico para Deus. Ele era um materialista ferrenho e era por isso que fazia aquilo. Seu único propósito era nada mais nada menos que provar que não se precisava mais de nenhum Deus. [...] (Čapek, 2024, p. 720).

O Rossum velho, fundador da fábrica de robôs, ainda que não tenha obtido sucesso em seus empreendimentos, não desejava somente criar máquinas, mas vida (ou gente, conforme o texto). O criador humano, de gente-máquina, é colocado aqui em situação análoga a Deus. Ele deseja não somente repetir a criação, mas torná-la menos significativa ("provar que não precisava de nenhum Deus"). É curioso o modo como o texto de Čapek é construído, de modo a criticar a iniciativa da criação humana, apontando desde essas falas de Domin, no início da peça, para a ameaça da vida artificial. Deus aqui está pressuposto, mesmo no argumento de um materialista ateu, representação do racionalismo cientificista.

O diálogo continua com as seguintes falas de Domin:

> Ele então decidiu manufaturar tudo que existisse no corpo humano. Vou lhe mostrar no museu as tentativas desastradas que produziu durante anos. Sempre era para ser um homem, mas vivia apenas três dias. Então apareceu o jovem Rossum, um engenheiro. Ele era um sujeito maravilhoso, Miss Glory. Quando ele viu a merda que o velhinho estava fazendo, ele disse: "É um absurdo gastar dez anos tentando fazer um homem. Se não se pode fazê-lo mais rápido do que a Natureza, melhor fechar esse boteco". Então ele se pôs a estudar anatomia. [...]

> O Jovem Rossum inventou um operário com o mínimo de pretensões. Teve de simplificá-lo ao máximo. Rejeitou tudo que não contribuía diretamente para o progresso do trabalho. Tudo aquilo que fazia o homem ficar mais caro. De fato, ele rejeitou o homem e fez o robô. Minha cara Miss Glory, os robôs não são gente. Mecanicamente são mais perfeitos do que nós; possuem uma inteligência enormemente desenvolvida, mas não possuem alma.
> [...] Já viu como um robô é por dentro? [...] Muito arrumadinho, encaixadinho, muito simples. Realmente um belo trabalho. Não muita coisa dentro, mas tudo numa ordem impecável. O produto de um engenheiro está tecnicamente num nível mais alto de perfeição do que um produto da Natureza.
> [...] Deus não tem a mínima noção de engenharia moderna. Você acha então que o jovem Rossum procedeu como se fosse Deus? (Čapek, 2024, p. 722).

Aqui aparece outro elemento importante. Se o Rossum velho desejava ocupar, enquanto criador, o lugar de Deus, o Rossum jovem tinha ambições ainda maiores, desejava ser maior que Deus, visto que sua criação superaria a natureza. Nesse sentido, a resposta à pergunta – ainda que retórica – de Domin, "Você acha então que o jovem Rossum procedeu como se fosse Deus?", não é! A criação do jovem Rossum, diferente da natureza, era perfeita. A despeitos da crítica bastante explícita à exploração do trabalho e da exigência de eficiência no mundo do trabalho nas sociedades industrializadas, o pano de fundo dessas falas é a emergência de uma nova criação, em substituição a imperfeição da natureza.

Tanto a ideia de suplantação de Deus, como da imperfeição da natureza, no imaginário da criação, relaciona-se àquilo que os gregos chamaram de *hybris*, a desmedida, que ganhou sentido de orgulho e arrogância, e foi compreendido pelo cristianismo como pecado. A narrativa bíblica da queda foi interpretada na história do cristianismo como um exemplo do orgulho de querer ser como Deus: "Mas Deus sabe que no dia em que vocês comerem o fruto, os olhos de vocês vão se abrir, e vocês se tornarão como deuses, conhecedores do bem e do mal" (Gn 3,5)[9]. Tal compreensão aparece em *R.U.R.*, no segundo ato, pela boca da empregada Nana, o perso-

9 A versão utilizada é a da Bíblia Edição Pastoral.

nagem que de forma mais contundente se posiciona contra a proliferação de formas artificiais de vida: "Toda essa tranqueirada nova é uma ofensa ao Senhor. Uma maldade absoluta. Querendo melhorar o mundo depois que Ele fez o mundo" (Čapek, 2024, p. 776). Criar vida, nesse sentido é orgulho e ofensa a Deus.

O mito judaico do golém[10], apesar de bem anterior ao surgimento da ficção científica, também já apontava para o caráter ameaçador da vida artificial como uma consequência da tentativa humana de ocupar o lugar de Deus da criação. O golém, um ser criado, não por tecnologia, mas por magia rabínica, para defender os judeus perseguidos de Praga, precisou ser destruído devido à ameaça que se tornou[11].

Por fim, no desejo da criatura de se tornar criador reside uma ameaça intrínseca: a de que a suplantação do criador se repita. O ser humano ao criar se torna como seu criador e o suplanta, assim, ele teme sua criação (sua imagem e semelhança) também o suplante. A ideia de máquinas que dominam ou destroem o ser humano só existe a partir da ideia de máquina igual ou superior ao ser humano.

A isso se relaciona também a ideia de insuficiência da criação. A ficção científica, inaugurando a nova criação, indica a imperfeição da primeira criação. Se tomarmos as narrativas judaico-cristãs, a partir de sua recepção, como um texto, como a tradição cristã o faz, percebemos uma continuidade entre criação e fim da história. Portanto, é possível compreendermos a vida artificial como um aperfeiçoamento da criação, mas a ideia de ameaça está relacionada à extinção da primeira criação, da natureza, o que inclui nossa extinção.

Referências

ASIMOV, I.

No mundo da ficção científica. Rio de Janeiro: Francisco Alves, 1984.

Eu robô. Ed. 3. São Paulo: Editora de Bolso, 1976.

BALEEIRO, C.

Tillich e a crítica à ideia de progresso. *Correlatio*, v. 10, 2011.

10 Cf. Taveira, 2024.

11 Sobre o conceito de golém ver o capitulo 1.

Um deus relativista: Religião, hermenêutica e pós-modernidade no pensamento de Gianni Vattimo. Delmiro Gouveia: Parresia, 2022.

BILEFSKY, D.

Pioneiro da IA teme "robôs assassinos" e prefere seguir uma visão positiva, à la Star Trek. *Gazeta do povo*, abril de 2019.

ČAPEK, KAREL

R.U.R. - Robôs Universais Rossum: Um melodrama fantástico em três atos e um epílogo. *Dramaturgias*, Brasília, v. 26, ano 9, 2024. Disponível em: https://periodicos.unb.br/index.php/dramaturgias/article/view/55905/41328.

FREITAS, E. P.

Star trek: Utopia e crítica social. Rio de Janeiro: Autografia, 2019.

OIVEIRA, F. R.

Como a ficção científica conquistou a atualidade: Tecnologias de informação e mudanças na subjetividade. *Revista brasileira de Ciências da Comunicação*, São Paulo, v. XXVIII, n. 2, 2005.

Ficção científica: Uma narrativa da subjetividade homem-máquina. *Contracampo*, Niterói, v. 9, 2003.

Os autômatos da ficção científica: Reconfigurações da tecnociência e do imaginário tecnológico. *Intexto*, Porto Alegre, v. 2, n. 15, 2006.

PEREIRA, E.

As metamorfoses da imagem humana: Em busca de modelos de humanidade. São Bernardo do Campo: Forja, 2024.

SODRÉ, M.

A ficção do tempo: Análise da narrativa de *science fiction*. Petrópolis: Vozes, 1973.

TAVEIRA, M. M.

O Golém: Mito, Bíblia Hebraica e cultura pop. *In*: CARNEIRO, M. & BALEEIRO, C. (org.). *Excelsior!*: Pesquisas sobre Teologia e cultura pop do grupo de estudos TeoGeek. São Bernardo do Campo: Forja, 2024.

TUCHERMAN, I.

Fabricando corpos: Ficção e tecnologia. *Comunicação, mídia e consumo*. São Paulo, v. 3, n. 7, 2006.